激情创业

让不可能变为可能

于 刚 著

中信出版集团 · 北京

图书在版编目（CIP）数据

激情创业：让不可能变为可能 / 于刚著 . -- 北京：
中信出版社，2018.8
ISBN 978-7-5086-9069-8

I. ①激… II. ①于… III. ①创业一研究 IV.
① F241.4

中国版本图书馆 CIP 数据核字（2018）第 123522 号

激情创业——让不可能变为可能

著　　者：于　刚
出版发行：中信出版集团股份有限公司
（北京市朝阳区惠新东街甲 4 号富盛大厦 2 座　邮编　100029）
承 印 者：北京诚信伟业印刷有限公司

开　　本：880mm×1230mm　1/32　　印　　张：8.25　　字　　数：149 千字
版　　次：2018 年 8 月第 1 版　　印　　次：2018 年 8 月第 1 次印刷
广告经营许可证：京朝工商广字第 8087 号
书　　号：ISBN 978-7-5086-9069-8
定　　价：58.00 元

推荐语

马化腾

我们正在经历一个伟大的时代。互联网勃兴于此，新技术创造的机遇比比皆是，可以说，这是创业者与企业家的黄金时代。但同时，也有一个不小的遗憾，那就是我们缺乏对自己快速奔跑的冷静反思，敏于行而拙于思。于刚博士却恰恰相反，在我看来，他是一位激情的创业者，同时也是一位智慧的学者，是以实干见证梦想的企业家。

从互联网技术到电子商务的发展，于刚博士一直在挑战未知。他所创建的1号店，已经成为中国电商发展过程中的一笔宝贵财富，更难能可贵的是，于刚博士把创业的经历沉淀为思想。对中国互联网发展感兴趣的读者不要错过于刚博士这本诚意之作，尤其是书中有关顾客体验、技术和商业模式创新、中国电子商务发展的挑战和机遇的内容，每一个细节都融入了于刚博士的经验和反思。相信它会给各位带来很多鼓励和启发，也期盼这样的反思越多越好。

陈东升

于刚博士曾获得过全球管理科学应用的最高奖，他曾作为国际著名学者被推选为武汉大学第三届杰出校友，可他毅然放弃他在学术界的地位和全球500强资深高管的光环，在近知天命之年开始从零创业，打造了中国知名的网上超市1号店，演绎了他不断追求人生精彩的激情和创造价值的情怀。于刚博士在创业过程中积累了大量的思考和感悟，以及对互联网时代创业和创新的见解。这本书将他多年的实践经验和案例与读者分享，内容很丰富，而且具有非凡的国际化经验与视野，对青年人创业无疑有很好的指导和帮助作用！

雷　军

从学者到跨国公司职业经理人，再到连续创业者，于刚走过一段非常精彩的人生旅程。通过这本书，他分享了自己的创业历程和独到的感悟，对今天在创业路上的奋斗者颇具借鉴意义。我尤其赞同书中的一句话："创业要有乐观的心态、博大的胸怀和冠军的心。"这其实讲的就是一种企业家精神。我在创办金山与小米的过程中，深深体会到创业是一件艰难的事情，只有拥有内心澎湃的激情，拥有钢铁般的意志，并且也能享受这中间的快乐，才有最终取得成功的可能。

李开复

于刚先生和我有相似的经历，在美国接受高等教育，在全球顶尖的科技公司担任高管，之后回到中国，开始自己的创业之路。2008年，于刚和同事创立1号店，而我在2009年创办创新工场，帮助年轻人创业。我们创业初期所遭遇的困难也类似，于刚被投资人认为不懂如何从“0”做到“1”，而我和同事们开创的“投资＋孵化”新模式，在初期同样遭受质疑。不过，我们都选择坚持初心。

正因为有同样的经历，我在阅读这本书的时候，感受尤为强烈。书里展现了于刚求职和创业过程中所遇到的大大小小的困难，有些细节经常让我回忆起创办创新工场的点点滴滴。文中有句话让我印象非常深刻：“现在所遭遇的一切，将来都可以当成故事讲出来。”所以每遇不顺，他都能坦然接受。时隔多年，这些故事终于付梓出版，把他积累了数十年的人生经验转化成坦诚朴素的文字分享出来，相信对年轻人会有很好的启发。

目　录

序

我的一生是幸运的！首先，我有幸生长在一个伟大的时代，一个极为特殊的时代——互联网时代。我经历了计算机的发展，互联网、移动通信、人工智能的诞生及变迁。我见证了互联网大潮的呼啸而至，它以不可违逆、不可阻挡之势冲刷和摧毁着一个又一个行业。我感受到了摩尔定律对时间轴进行指数级的压缩，让产品的更新换代、行业的进化、产业的变革急剧加速，让我们面临的机会稍纵即逝。

更为有幸的是，我抓住了这个时代呈现给我的机遇，没有辜负历史赋予我的使命。我不仅是这个时代的喝彩者和见证人，还是勇敢地融入时代大潮中的弄潮儿。

每个人都希望做自己想做的事情，以实现自己的梦想和人生价值。可我认为，人生应分两步走，而首先和必须要做的事情就是积累。每个人都必须先积累知识、财富、经验、资源，并被社会认可，这一步必不可少。有了充分的积累才可能真正有实力、有机会、有条件去实现自己的梦想。若积累不足，则往往会眼高手低，心有余而力不足，“徒有羡鱼情”。

机会和幸运也会特别眷顾那些敏锐、勤奋、有勇气和做好准备的人。1977 年，我经过充分复习，第一批参加全国高考并被武汉大学录取；大学毕业时又赶上了改革开放的大好时代，我全力以赴，考上 CUSPEA 计划（中美联合培养物理类研究生计划）去美国常青藤名校康奈尔大学留学；当兴趣转变时，我又破釜沉舟，转学到全球顶级商学院——沃顿商学院深造，获得了博士学位；经过激烈的竞争，我争取到了在美国得克萨斯大学奥斯汀分校担任教授的机会；当走到学术生涯顶峰时，我又不安分地转战到企业界，先后在全球 500 强企业亚马逊和戴尔出任资深高管；当生活和事业都一帆风顺时，我选择了创业，先后在美国和中国创建了科莱科技、1 号店和岗岭集团（后改名为 111 集团）。我先后走过了学者、职业经理人和连续创业者的历程。每一段经历都有令人难忘的故事，都让我品尝了甜酸苦辣，也都是让我从“0”到“1”，再从“1”到“10”地经历创造和成长的过程，使我享受了激情燃烧的岁月。我深深感受到：追求和创造的过程比结果更令人难以忘怀。

作为学者，我享受了逻辑和理论的完备性以及前瞻性思维的美妙；作为职业经理人，我学会了如何带领团队去完成更大的事业和实现更高的目标；作为创业者，我体验了如何把概念变为现实和创造价值的成就感。丰富的历程让我有了一个不同和无悔的人生。

这本书汇集了我创业的故事、理念、思考和感悟，希望能给读者带来正能量，帮助创业者们在征途中少走弯路，也希望通过我的思考和理念，让大家对时代发展的趋势、企业的战略和经营有清晰的认识。

无论你是否在创业，若我的文章能让你感受到积极向上的心态和孜孜不倦的追求，能点燃你实现自己梦想的激情，就是我最大的欣慰。

于刚

2018 年初夏

第一章

创业的历程——

在砥砺前行中享受创造价值之成就感

我的创业历程

在美国第一次创业时，我就深深体会到科学管理和系统的价值。当时，我的第一套航空实时管理系统只有概念和雏形，大陆航空公司（Continental Airlines）就出资120万美元购买。签约的时候，我实在不敢相信，连签字的手都在颤抖。可就是这个系统，每年为大陆航空公司带来数千万美元的价值。

当时，我想着120万美元足以开发许多套系统了。可这套航空实时管理系统太复杂，光测试就用了一年多，三年后才上线，其开发成本远远不止120万美元。虽然开发这套系统相当于缴了学费，但我从中学到了如何进行大型软件工程的管理。

当然，这套系统后来不止卖120万美元，我学会了按价值而不是按成本定价。这套系统最高的成交额是近千万美元。软件的价值远远大于硬件的价值，我们中国的企业也开始慢慢接受这个概念了。

这听起来令人乐观，但实际的进展极为坎坷。其中，几次因为没按时达到预定目标而导致我们的现金流差点断裂。在我们最困难的时候，工资发不出来，我的CTO（首席技术官）提出离职，更是给我们雪上加霜。但这些我们都挺了过来，这些经历都成了我的人生财富，在以后的日子里，没有什么困难可以难倒我。

开发第一套航空管理系统时，我只是一个商学院教授，知道管理模型和理论，只给一些企业做过咨询，从书本上学习过项目管理，但从未管理过软件工程。在系统开发的过程中，我才深深地体会到书本和实践之间有着巨大的鸿沟。当系统正式上线时，那种战胜自我的感受是极为奇特的，让我有了极大的满足感和成就感。

这也是在高尔夫球手中，我最喜欢菲尔·米克尔森（Phil Michelson）的原因。多年来，他一直被老虎伍兹压着，直到他战胜了自己，打破了精神上的枷锁，也战胜了老虎伍兹。

在美国创业时，我交的最大一笔学费还不是由在开发产品时所遇到的现金流短缺困境所引起的，而是由对合同条款理解浅薄和不愿意花钱去雇用律师来保护自己所造成的。我万万没想到，因为合同上的一个词，竟然耗费了我100万美元。这是极其惨痛的教训！故事得从头说起。

20世纪90年代初，我就给联合航空公司（United Airlines，以下简称“联航”）做了大量的咨询，并指导该公司开发了非正常运营的控制系统（irregular operations control）。咨询合同写明联航拥有知识产权，并且我写的文章必须经过联航的审核和数据修改才能发表。结果，我的一篇有关这个系统的模型和算法的文章被拖延了几年才发表。

虽然联航对外保密，但这个系统的成效很快就在美国航空界流传开来。1995 年年初，大陆航空公司的管理人员找到了我，希望我做该公司的顾问，协助其开发一套类似的系统。这次我学聪明了，对他们说：“我不再做咨询了，我卖系统给你们。”

大陆航空公司说，由于我缺乏开发大型、复杂、任务关键型软件系统的背景，希望我和当时外包其 IT（信息技术）业务的服务商 EDS 合作。于是，我找到了 EDS 的相关人员。EDS 的相关人员得知我希望与他们合作后很兴奋，约我参观他们的达拉斯总部。EDS 巨大的数据中心和像星球大战一样的众多全球系统监控屏幕让我眼花缭乱，我被其实力所折服。

EDS 的相关人员说如果我们合作将是完美的结合，由我负责核心系统，他们负责实时数据和用户界面。在草拟合同时，他们问对我来说，什么是最重要的，我的回答是知识产权和系统的所有权。我天真地以为，拥有系统就拥有了一切。谈判好像进行得很顺利，他们在起草合同时就标明了我拥有知识产权和系统的所有权。我满心欢喜，觉得这次可以主宰自己的命运了。

但 EDS 方面要求拥有全球排他的销售权。当时，我并没有实战经验，也不知道这个条款意味着什么。他们邀请我参加了他们的全球销售领袖大会，并让我在会上做 40 分钟的报告，以介绍我的技术和系统。看到台下黑压压一片西装革履的 EDS 销售高管们，我想我连销售人员都不用请了，借助这个团队的销售力量，我们的技术和系统可以迅速推广到全球。

因为我掌握核心技术，大陆航空公司还要求在合同中加上一条：我需要购买赔偿金为100万美元的个人意外险，购买保险的费用由大陆航空出，它也是受益者。我以前还从没听说过这类条款，但也从中深深体会到人和核心技术在美国的价值。

当时，我的法律意识薄弱，也舍不得花钱请律师帮我审核和修改合同，只是找了一位刚从法学院毕业进律师事务所的朋友帮我看了一下合同。他的意见不痛不痒，对合同也几乎没有进行什么修改。当时，我觉得这是共赢的事情，并且我拥有系统和技术，心里很踏实，也很快就签了合同。

两年以后，当这个系统开发出来可以销售时，我才发现自己当时的想法是多么天真。EDS是没有兴趣帮我销售系统的，它对获得几百万美元的系统销售额并从中拿佣金没有丝毫兴趣，而是希望利用这套系统的功能拿到大公司数以亿计的IT外包合同。而我，虽然拥有系统的所有权，但没有系统的销售权。

好几个公司都希望只购买我的系统，不外包EDS的IT服务。当时，我的感觉就像是在无际的沙漠里虽然手里拿着金子，但却饥渴无比，没吃没喝——白着急。

这也给我上了沉重的一课，让我深刻明白了这样几个道理：第一，合作伙伴一定要双赢，否则不会长久；第二，合同一定要把最糟糕的情况写清楚并写明解决措施，即使双方在谈判时关系很融洽，觉得不会有问题；第三，在法律保护方面不能省钱，就像环境保护，治理污染比预防污染的成本要高得多。

后来，我觉得长痛不如短痛，不能再拖下去了。于是，我找EDS重新谈判。最后的结果是，我赔偿EDS 100万美元，可以修改合同。在合同修改中，最重要的是去掉了“worldwide exclusive marketing rights”（世界范围内的排他销售权）中的“exclusive”，因这个“排他”把我也给排除了。这个极为昂贵的词，是我创业过程中昂贵的一课！

激情创业

我在给商学院的EMBA（高级管理人员工商管理硕士）同学们演讲时，曾赠予他们几句话：你若想创业，就必须经得起折磨，耐得住寂寞，忍得住诱惑。这也是我在创业过程中三点非常深刻的体会。我毕生都在追求最大程度地发挥自己的智慧和潜能，为社会和大众创造价值。我享受这个创造价值的过程，更胜于享受最后的成果。

创业过程就像坐云霄飞车一样，其中包含了各种极度的甜酸苦辣。今天觉得成功在望，明天又把你打回原点；今天看似无路可走，明天却是柳暗花明。所有坎坷都会变为未来的故事，所有挫折都将成为人生的财富。

在这里，我只挑出人生旅程中几个有关抉择和创业的故事，和大家分享。

源于地下室的创业

我第一次创业是1994年在美国得州大学奥斯汀分校当教授的时候。在那之前，我只给几个美国公司做过咨询，包括IBM（国际商业机器公司）、Tracor（特拉科）、联航等。在给联航做咨询时，我协助它开发了一套针对航班晚点的飞机调度系统，效果很棒。可联航仅提供我每次往返奥斯汀和芝加哥的机票，以便我去联航总部参加讨论并观察运营过程中发生的各种事件和管理人员的实时决策，连我写的论文也被联航拦截，拖延了五年多，才让我发表在《运输科学》（*Transportation Science*）上。

所以，当大陆航空公司得知联航的成功而找到我，并希望我能再以顾问身份指导其开发类似的管理系统时，我说："我不再做咨询了，我卖系统给你们。"

于是，我和信息管理公司EDS联手开发系统，卖给大陆航空公司。就这样，我和太太米歇尔（Michelle，中文名宋晓），还有我的一位MBA（工商管理硕士）学生一起，在家里的地下室创建了科莱科技（CALEB Technologies）公司。

这个概念在当时太过超前，没有成功的先例，几个实力雄厚的公司在尝试后也宣告失败。而我的优化模型和系统的雏形却被大陆航空公司认可，大陆航空公司甚至愿出120万美元投入开发。签约时，我兴奋得手都在颤抖，晚上连觉都睡不着。我感受到了知识的价值。

可开始开发后，我才发现这有多么难。计划一年完成的系统，我们足足用了近四年，成本超了近三倍。因为系统属于关键任务型，光测试和保证实时数据准确无误，就花了整整一年。其间，数次由于阶段性成果的交付延时而影响了公司的现金流，我对公司高管提出：我本人免拿工资，而大家的工资暂时减半来一起渡过难关。于是，我的CTO立即提出辞职。

当时，美国航空业的不景气，也让这个项目几次差点被砍掉。尽管后来系统开发出来，但因为没有销售权，我又经历了艰苦卓绝的谈判，最后，我花了100万美元从EDS那儿赎回销售权，等等。但所有这些都没有让我放弃，我坚持攀到了山顶，也享受了“一览众山小”的美好风光。

该系统正式上线后产生的价值，远超出所有人的预期，每年都超过千万美元。仅2001年一年，该系统就为大陆航空公司节约了3 000多万美元，在业界广为流传，这也让我荣获了当年的弗朗芝－艾德曼管理科学成就奖。后来，这套系统以400万到近千万美元不等的价格，先后卖给美国的西北航空公司、西南航空公司、美国航空公司、捷蓝航空公司、穿越航空公司、达美航空公司等多家航空公司。

从学者到职业经理人

2002年，我们决定出售我们创建的科莱科技公司，因为系统的销售周期太长，而且全球愿意花数百万美元购买我们系统的航空公司也屈指可数。当时，有六家企业对收购我们公司有兴趣，包括波音、霍尼韦尔等。最后，我们决定把公司出售给埃森哲。

卖掉公司之后，我希望静下来，思考一下下一步事业该如何发展。于是，我申请了一年的学术休假，回到了国内。受成思危先生之邀，我在中国科学院成立了面对不确定情况下的决策研究中心并任联席主任。

那一年，刚好遇到国内的十所顶级高校启动 EMBA 项目。我的第一次 EMBA 教学经验，是给北大的 BIMBA（北大国际 MBA）项目救场。据说，当时有一位匹兹堡大学的教授讲课，他上午讲完课后，下午就只剩下一半的学生。第二天，学生都跑到院长办公室投诉去了。我讲完课被评为最受欢迎的老师，是林毅夫给颁的奖。

从此，我的 EMBA 教学越来越受欢迎，先后在清华、北大光华管理学院、上海交大、中欧商学院、西安交大、香港科技大学、香港中文大学、厦门大学等高校教了 1 400 多名 EMBA 学生。

在中欧商学院授课期间，我收到一封来自美国猎头特拉奇（Traci）的邮件。她在邮件中告诉我：一家全球最大的电子商务企业，正有一个极为重要的职位希望我加盟。我婉言谢绝了，说我正在中国寻找下一个事业的方向。可特拉奇不放弃，在我邮件拒绝了三次后打通了我的电话。

最终，她说服了我和亚马逊的 CIO（首席信息官）里克·达尔泽（Rick Dalzal）直接通话。当时，里克正在旅行。他从旧金山打来电话，他的嗓门很大，但听起来正直爽朗，充满激情。他说："于先生，你不要再说‘No’（不）了，你过来和我们聊聊，看是一帮什么样的人在做一个多么伟大的事业！”

特拉奇立即帮我安排了去亚马逊总部所在地——西雅图的航班。到西雅图的当天晚上，特拉奇来到我住的酒店 The W Hotel 找我。她给我看第二天的日程。我吓了一跳，一整天安排得满满的，要见 9 个人，每人 45 分钟，一个接一个，一点空闲都没有。我说：“里克让我来聊聊，并没有让我来面试啊。再说，我没带正式的服装，这样去面试也太不正规了吧？”特拉奇说：“这刚好契合亚马逊的文化，创始人杰夫·贝佐斯（Jeff Bezos）也是每天穿牛仔裤。”

面试完后，趁回美国的机会我回到自己位于奥斯汀的家。第二天，特拉奇又打电话来了，说贝佐斯第一次见我比较匆忙，还希望和我再深谈一次。于是，我又立即飞到西雅图见了贝佐斯，同时也和亚马逊的 CFO（首席财务官）及另两位 SVP（资深副总裁）见了面。

我和贝佐斯谈得很投机，交流时他经常爆发出他特有的笑声，外面走廊里的人都听得到。他问了我不少数据，并让我把想法用图在白板上描画出来。谈到细节，我越发感到兴奋，看得出来，他也很欣赏我的分析能力和逻辑思维能力。我问他我未来的预算有多少，他对我说：“预算不会是你的瓶颈，你的预算甚至是无限制的，多久可以招到你要的人才才是你的瓶颈。”后来，我才理解他的话，亚马逊的招聘门槛太高了，只有 2% 左右的录取率。

第二天，特拉奇领我去西雅图各处转了一圈。我才发现这个城市如此漂亮，有终年白雪盖顶的山峰，有海，有湖，有参天的大树，城市周边还有很多松针覆盖的小路，环境宜人。我去时正值夏天，凌晨4点多天就亮了，晚上9点多还没黑，朝霞和日落都美不胜收。

我从西雅图回到上海已是下午。第二天凌晨4点，亚马逊运营SVP杰夫·维尔克（Jeff Wilke）打来电话，问我是不是可以谈薪酬待遇。这种穷追猛打、不给喘息机会的招聘方式，后来我也学会了。我当时有一种强烈的被重视的感觉，还想到一句古话："士为知己者死，女为悦己者容。"于是，我毅然地离开了学术界，加入了亚马逊，成为其全球供应链的副总裁。

归国之路

在亚马逊管理全球供应链取得了一些成就后，我也有了一些声望，常常被各种会议邀请进行演讲，也常有猎头来找我，我基本都不理会。可有一次，一位猎头从新加坡打电话来说，戴尔公司希望我担任其全球采购副总裁，并告诉我，我可以选择在亚洲任何一个城市居住，戴尔可以围绕我组建团队。

可以回到国内让我感到激动。去美国的20多年正是中国经济发展最快的时期，我虽然常回国开会、讲学、做咨询顾问、探亲等，但总觉得自己是个过客。大家都把我当客人，只是吃喝玩乐闲聊，谈过的事从来都没有深入和具体落实。每次回国我都感到兴奋，可回到美国几个星期后又回归平静，该做什么还做什么。我有种失落感，觉得我只是这个时代的见证人，而我渴望成为一个弄潮儿，不能“徒有羡鱼情”。

于是，我同意和戴尔接触。猎头说必须到芝加哥、达拉斯、旧金山三个城市之一，去接受戴尔雇用的高级人才评估公司 EDI 的一次 360 度全面评估。当时正值年底亚马逊最忙的时段，我告诉他我抽不出时间。于是，EDI 派了四个人飞到西雅图专门给我做评估。

评估的那天早上，我 8 点前到达指定酒店，被告知整个评估要进行八个小时。我被安排在该酒店的一个房间，桌上放着电脑，每一个指定任务到点时闹钟会响，我再被告知下一步做什么。

首先，我要在一个小时内处理电脑里事先准备好的 30 封邮件。然后，就是几场一对一谈话。三个人分别模拟我的上司、我的同事、我的下属来和我谈话。我的上司要听我汇报工作，同时要我讲未来的战略和行动计划。我的同事来和我谈合作，还要谈现存的问题和我们两个部门间的沟通。我的下属来给我汇报工作，还要谈他的职业发展并要我给他建议。谈话完成后，给我一个小时书写半年的工作计划。之后几个人都进来，听我用白板对工作计划做一个完整的陈述。

大半天过去，我已经被折腾得疲惫不堪，最后还剩下两个小时，我希望能舒一口气。可评估者拿来一份考卷，让我做一组逻辑思维题，一共 36 道题，每一题都是给出三个图或数字，让我推断下一个图或数字应该是什么样的。我心想这种考试对我这样学理论物理的人来说应该是小菜一碟，可做起来才发现远不是那么简单，各种概念和逻辑思维方法全糅在其中，比如映射、对称性、组合、拓扑、旋转、级数等。最后时间到了，我没能答完，只能交卷。

这次评估绝对是我一生中最难的一次考试，脑细胞损坏了无数。当天晚上，我翻来覆去，还在思考是否有更好的答案，一分钟都没有睡着。我对自己的表现并不十分满意。

不久后的一天，正在主持一个会议时，我接到一个电话。拿起手机听到“This is Michael Dell”（我是迈克尔·戴尔）时，我吃了一惊，赶紧到门外去接电话。戴尔说希望诚聘我为公司资深高管，并希望我能立即入职。后来，EDI 的人员告诉我，在他们十几年做的两万多份高管的评估里，我被排在前 3%。

就这样，我加入了戴尔并成为其全球采购副总裁，回到了亚洲，把家安在了上海。

一次握手的承诺

在戴尔工作的时候，我的搭档刘峻岭跟我有一个定期午餐聚会。每次午餐聚会，我们俩就讲讲最近发生的一些事情。峻岭是戴尔中国区的总裁，他是管销售的，我是管采购的，我是大买家，他是大卖家。有一次，他约我在一个湖北餐厅吃午餐的时候，提起了创业的想法。他觉得中国的经济发展这么快，我们应该一起做一件事情，做一项更宏大的事业。

当时，我们的想法其实挺简单，觉得我们在戴尔工作虽然职位很高，但只是一颗螺丝钉，是拧在很大机器上的螺丝钉，不是发动机。我们希望在自己的一生中，能够做一些直接改变世界的事情，一些轰轰烈烈的事情，改变行业格局，甚至改变人们的生活方式。尽管当时的想法比较简单，但我们相信，只要我们两个人能够全身心投入，一定会做成一件更大的事情。

于是，我们握了手，也就开始了一段承诺。

我们从戴尔退出来，在一个借来的、只有10平方米左右的办公室里，共用一张桌子，面对面坐了四个多月，才招聘第一名员工。

这次，我们选择了一条艰辛的道路，从以大品种、快销品为主的综合类网上超市起步。这类商品具有体积大、较重、易漏、易损、有保质期等特点，其服务半径比图书和数码类商品短得多。起步时，没有几个人看好我们。找风投时，我们被一个资深合伙人花了一多半时间教训，他说我们是职业经理人，只会从“1”做到“10”，不懂如何从“0”做到“1”。我说：“我曾在美国从‘0’做到‘1’。”他说：“那是美国，这是中国！”我和峻岭在回程时一路沉默，但我们心里不是挫折感，而是给自己打气，将来证明他是错的。

峻岭和我做好了准备，要享受一次完整的创业经历。我们从戴尔给我们租的豪宅中搬出来，开始亲身体验创业的点滴：给公司取名，设计公司徽标，在招聘网站上发广告，挤公交、地铁去拜访供应商，在地铁站办公楼和小区发海报，参与系统设计；在仓库里入库，上架，拣货，盘点；给顾客配送，做客服；与供应商、配送商、推广商谈判；促销选品，编广告语；等等。

有一次，我去和一个实体超市谈合作，该店的店长足足晾了我近两个小时才见我，晚了也不道声歉；有一次，我去工商局，一位年轻的工作人员一直教训我；已签了约的仓库被业主无理由毁约；等等。生气吗？我们只是笑笑，说："现在所遭遇的一切，将来都可以当成故事讲出来。"

我们开始犯了很多错误。比如，我们的公司刚上线的时候，我们印了一个非常精美的目录，因为看到有些做目录营销的企业做得还不错，我们也采用了这种方式。300 多页的产品目录很精美，每一本的成本都要十几元钱。我们一次印了十万本，还亲自去分发，在地铁站发，在小区发，在办公楼发。

结果，我们发现这样做的投资回报率是非常低的。因为做目录的成本本身就高，并且派发的成本也很高。此外，目录的信息是静态的，不是动态的。一旦市场发生变化了，竞争对手的价格变化了，网站上面的商品价格可以随时跟进修改，可是，目录一旦印好之后，是不能修改的，这不是电子商务的做法。结果，我们发了一半就放弃了。

在创业过程中，合作伙伴非常重要。创建 1 号店，迈克尔·戴尔是峻岭和我相识的中介。要成为创业合伙人，最重要的是什么呢？第一是双方价值观要非常一致，我们来做的是一个事业，而不是一件事；第二就是相互之间要非常信任，不能小肚鸡肠；第三，最好能够互补。有了很好的合作伙伴，我们发现，创业变得很简单、很有乐趣。遇到困难的时候，我们会拍着对方的肩膀说没有关系，这些坎坷将来都是我们的故事。

记得每当有一点小小的成功，例如小的业务增长，我们都会庆贺。我经常到峻岭家喝酒，因为他是澳大利亚移民，经常从澳大利亚带酒回来，但是我的酒量比他大，酒品也好。他经常浅尝几口，剩下的酒都被我喝掉。互相尊重和激励，让创业过程变得非常有趣。

但是，合作伙伴的关系也需要维系，因为我们都是很强势的人，都曾在大企业里管理过很大的团队。我们有一个很好的机制：每隔两个星期，在周五的上午 9 点钟把门一关，不准任何人打扰，我们做半个小时的批评与自我批评。过去两周，你哪些地方做得好，哪些地方做得不好，哪些决策是正确的，哪些决策是错误的，在这个时候，就可以完全摊开讲清楚。

我们从来不在意某件事上是你对还是我对，这没有关系，重要的是要找到真理在哪里。只要我们真正找到真理了，就会义无反顾地一起往前走。即使我们有很大的分歧，也没有关系，我们会把团队一起叫进来，帮助我们理清思绪。

有一次，我们俩的意见完全相左。我们就把团队叫进来，大家讨论。最后拿出来的是团队的方案，而不是我们两个人的方案，我们俩的方案都被推翻了。我认为，这是我们做得最好的一次决策。

沃尔玛给 1 号店投资时，有一次我们和沃尔玛、平安的代表，以及十几个律师，在本顿维尔、圣布鲁诺、香港、深圳、北京、上海几地同时进行电话会议，在三天三夜的谈判中没有合眼。直到最后要结束时，我实在坚持不住，躺在沙发上睡着了。大家在电话里庆祝谈判结束时，峻岭没听到我的声音，专门打电话给我。我被铃声惊醒，大声地问："怎么啦？谈到哪儿啦？哈哈！"

我非常自豪能和峻岭一起创建 1 号店。我们在短短七年时间内，使 1 号店进入了中国电商第一梯队，拥有 9 000 多万名顾客，1 万多名员工，在线销售 800 多万种商品，成为中国 100 强品牌之一。更让我们感到骄傲的是，我们打造了一个一流的团队。我们不断超出顾客期望值的购物体验，成为业界的标杆。

重新起航

离开 1 号店是一次异常艰难的抉择，从我和峻岭给 1 号店的员工写的一封信里就可以看出（请参看本书文章《告别 1 号店》）。

将要开创的新事业令我们感到非常亢奋，那就是要用互联网的思维方式，进入数字和移动医疗健康领域，解决中国老百姓"看病难，买药贵"的问题，为社会创造更大的价值。

在人生、事业的历程中，每个人都会面临很多抉择，只能在当时的场景下、当时的进程中做最佳的选择。一旦做了选择，你就把剩下的事情交给上苍。我从来不会为过去的决策后悔，只会在未来，用以前所积累的经验和智慧让自己做的决策更好一些。

又要重新启航了，我会坚定地、义无反顾地前行！

附：

告别 1 号店

亲爱的 1 号店人：

在此，我们怀着感恩之心与不舍之情向和我们一起走过精彩创业历程的小伙伴们告别！

所有舞会都会有最后一首曲目，我们带走的是美好的回忆，留下的是创造中国电商历史的足迹，是厚爱 1 号店的顾客，是共赢的合作伙伴，是“诚信、顾客、执行、创新”的企业文化，是 1 号店精神！

八年前，我俩在一间小屋的一张桌上孵化网上超市的概念。1 号店走过了从无到有，从小到大，从大到强的历程，进入了中国电商的第一梯队，成为中国排名前 100 的品牌。

在我们记忆里珍藏的是：和大家一起在仓库通宵盘点的激情，送货时看到顾客收到满意商品的喜悦，在客服中心解决了顾客问题的欣慰，每次创造吉尼斯纪录时的开心，打造业界一流供应链的自豪，在全球领取各种奖项时的骄傲，看到大家在事业上不断成熟和成长的成就感。

我们决定离开 1 号店去追求新的梦想。这次选择是我们人生事业中最艰难的一次，也是最难以割舍的一次。我们把 1 号店看成我们的孩子，倾注了所有心血和情感。我们吃饭、走路、做梦都想到1号店，1号店是我们的一切，我们用“心”而不仅是用“脑”做1号店。

但我们相信，这是一次理性的选择，是经过数个月内心煎熬和充分思考后的选择。我们也坚信，1号店的精神会被大家传承，1号店的品牌会被顾客爱戴，我们也会永远支持1号店。

是缘分让我们相聚，是互联网时代让我们共生，是共同的事业让我们同行。和大家在人生中有过交集是我们的幸运，我们会无比珍惜。

创业中的合作伙伴

静下来回顾2010年的创业历程，我看见在短短的一年时间里，1号店树立了一个又一个里程碑，感到一年走了十年的路，很有成就感。我和合作伙伴峻岭常处于亢奋之中，像是坐云霄飞车，忽高忽低。把我们的想法变为现实，没有什么比这个更能让我们满足的了。

1号店在2010年留下了哪些值得留念的脚印呢？粗粗一数，至少有这样一些：北京建仓，广州建仓，添加五个新商品频道，在八个城市建立配送站，医网上线，药网上线，店中店上线，成立武汉研究院，建立B2B（企业到企业）事业部，团购上线，扩展服务频道（机票、火车票、彩票、手机充值、水电煤缴费等），等等。

首先，值得庆幸的是，我们生活在这个互联网蓬勃发展的时代，而我们又选择了一个可以为顾客和社会创造价值的行业和商务模式，让我们的智慧、所学、积累的经验和经历可以得到充分的发挥。其次，我们做出了正确的选择，离开财富500强企业的高管职位出来创业，将我们的梦想和理念付诸实践，虽苦犹甜。

更让我庆幸的是，我有一个好的合作伙伴——峻岭。有个好的合作伙伴，是成功创业无可替代的基石，是上帝的礼物！

我和峻岭相识还是迈克尔·戴尔做的媒。他曾问峻岭是否认识戴尔刚从亚马逊挖来的我。峻岭给我打电话，我们在我的办公室见了面。回国后，我们每月进行一次午餐交流。在一次午餐交流时，他提出的创业想法激发了我血液里流淌着的创业基因，此后就一发而不可收了。

我认为好的事业合作伙伴需要具有以下几个特质：第一，双方要拥有共同的价值观，否则利益追求点不一样会在中途分道扬镳；第二，双方要具有博大的胸怀，否则小鸡肚肠、斤斤计较，难以并肩而行；第三，最好有互补的思维方法和能力，能产生“1 + 1 > 2”的效果。

即使有了这些特质还是不够的，还得有个好的机制让合作伙伴们能有效沟通和消除隔阂。我和峻岭每隔两周有一次半小时的关系改进沟通会议。沟通时，我们毫无保留，各自进行批评和自我批评，把意见、想法、误会统统摊到桌面上，求得真理。

在价值观上，峻岭和我为能为顾客和社会创造价值和改变人们的生活方式而兴奋。我们的争论从来都是对事不对人，是追求真理而不是求证个人的对错。对过去的事不再追究，且不容忍任何人在我们之间搬弄是非。犯了错，我们会互相直截了当地指出，并帮对方分析。经我们讨论过的决策往往要比最初的好数倍。我和峻岭常笑谈：我们俩合作是“1 + 1 > 10”。

好的合作伙伴在做决策时能从不同的角度，进行深层次的分析和讨论，从而让决策的正确度大幅提高，能在出问题和面临风险时一起坦然承担，能在取得小小成绩时击掌庆贺给对方以认可，而这种伙伴间的认可是极为重要的。

当遇到坎坷时，峻岭或我简单的几句话就可让对方减轻压力，重振信心。比如，我们常说的话有：“没关系，it' s part of the game（这是游戏的一部分）”，“没有这些困难就不叫创业了”，“这些艰辛我们以后可以当故事讲了”。

总而言之，好的合作伙伴可以让创业的历程少些弯路，少些压力，更多享受并创造更大的价值。

创业忆海拾贝

时光飞逝，我们已经创业四年多了。回头看看创业途中的脚印，回忆起那些由人和事组成的点点滴滴，我感叹万分，自豪感也油然而生。创建1号店的这四年是我人生最精彩的四年，是满怀激情、充满憧憬、跌宕起伏、遍尝甜酸苦辣、攻城拔寨、创造奇迹、体现价值的四年。

其中，不可磨灭的是伴随着我们创业的那些零零碎碎的故事。这些故事让我们的历程精彩，给我们的旅途增添风景。下面，我从记忆的大海里拾起几只贝壳献给大家。

1号店

为新创办的企业取名可伤了我们的脑筋，因为我们知道名字是否响亮将直接影响将来品牌的传播效果。当时，峻岭、斯特凡妮（Stephanie）、米歇尔和我每人都花了数天时间冥思苦想。我们几个人想的名字归到一起有好几十个。峻岭甚至还想到了“哗啦啦”，觉得响亮容易记。可多数想出的名字都已经被别人用了，经过一番争论，斯特凡妮建议的“1号店”取胜。这个名字既简单又朴实，也反映了我们的雄心，且容易传播。因为公司名里不能用数字，我取了英文名字“the store”，并用其谐音“益实多”作为公司名，也算是锦上添花。

从“0”到“1”

2008年年初，我们开始融资，通过朋友找到一家风投。峻岭和我去浦西见其合伙人之一，这是我们难得的机会。去的路上，我们一直都在讨论如何讲我们的创业计划，觉得胸有成竹。见面后，我们才知道是一位年纪不大的小伙子。我们毕恭毕敬地向他介绍我们的想法。没谈十几分钟，他就没了兴趣，也没了耐心，开始给我们上课，滔滔不绝地教训了我们一番。内容大概是，从“0”到“1”创业是最难的，而我们两位从戴尔高管出身的职业经理人，只会从“1”做到“10”，不会从“0”做到“1”。我回击说：“我在美国创过业，走过一个较为完整的历程。”他不屑一顾地说：“那是美国，这是中国！”

回程路上，峻岭和我一路无语。但我们并没有挫败感，而是憋足了劲儿要用我们的行动和结果证明他是错的。

逢“1”得益

2008 年上线前，我们正在准备目录。一天，我和峻岭、斯特凡妮、米歇尔去龙汇路上的一家陕西餐厅吃晚餐。到了餐厅门口，我脑海里突然冒出一个营销的主意，感到兴奋不已。我想，要让顾客记住1 号店，就要让“1”体现价值，让顾客收到货后看其收货单上有几个“1”，得到越多“1”的顾客可以得到更多的返利，得到这些返利后顾客还会再回来。我把这个想法讲给大家听后，大家都觉得还不错。第二天，我抓到贾森（Jason）和我一起计算得到数量不同的“1”的概率各有多大，分别应该给出多少返利。我们还捡起以前的数学知识，用了不少排列组合的公式来计算。然后，我们在第一期（也是唯一的一期）目录的封底推出了这个创意——美其名曰“逢‘1’得益”。

发目录

开业前，我们花了三个多月的时间，印了一本 300 多页、有近

3 000 种商品的精美目录。可如何发放这些目录，耗费了我们不少的精力，找邮局发每本配送费要 3 元，10 万本光发放就是一笔高昂的花费。于是，我们想尽了方法：自己在地铁站、办公楼发，找朋友帮忙发，找第三方配送公司发，等等。我们的每个员工也领了任务：在自己居住的小区发。

2008 年 7 月的一天，我的美国康奈尔大学的学友，当时任美国乔治华盛顿大学教授的曾晨来中国访问，携夫人、小孩在我家住。大约晚上 10 点，我拉着他一起去发放目录。我们各背了一个学生包，里面装了 30 本左右的目录，在我住的小区内塞到每个住户的信箱里。正兴致勃勃时，一个保安骑着自行车来了，让我们立即停止，说在小区里不能往住户的信箱里发放任何宣传材料。我说："我是住户。"他斩钉截铁地说："住户也不行。"磨不过他，我们就停了。等他骑车走了，我们又开始发。没想到他玩猫抓老鼠的游戏，在转弯处盯着我们。后来，他推着车把我们一直送回家。

每日 1 款

有一次，在长途电话面试做市场营销的文森特（Vincent）时，他提及了业界一个好的吸引流量的做法叫作"deal of the day"，开拓了我们的思路，让我们觉得很兴奋。第二天清早，我和峻岭在去公司的路上讨论后，觉得这一做法非常适合我们的业务，尤其每天用一款畅销且不贵的大众消费品做半价促销，让顾客每天来看我们当天的促销品是什么，同时购买我们的其他商品。我们为这一做法取名“每日1款”。到公司后，我们立即召集了市场部、开发部、产品部、运营部的同事开会，因为要进行系统开发、商品备货、市场宣传、运营准备。大家认为，差不多要一个星期才能上线，我们说：“不行，今晚就上线。”分派完任务后，大家全力以赴，这一促销方式在深更半夜上了线，大家完成了这个不可能的任务。

“每日1款”一时成了1号店的招牌，帮助我们获得了大量的顾客。有一天，上了一款椰汁，该椰汁6瓶一组，半价仅售6元，我们备了100组，开卖不久立即被抢光。为满足顾客的需求，当时食品饮料部门的负责人张晓东自己开车去超市搜，将几个超市的同一款椰汁都扫光了。这也成为1号店的一段佳话。

马歇尔·费希尔教授和1号店

马歇尔·费希尔（Marshall Fisher）教授极为低调，语音低柔，目光炯炯，举止谦和，谁见到他都不会意识到他是全球顶尖的沃顿商学院的大牌教授和顶梁柱，美国科学院和工程学院的双院士，管理科学界无人不晓的泰斗级人物。他发表的数篇学术文章都是运营管理的经典，课堂必教，学者必读。有幸的是，我一生的学业和事业都和他有着不解之缘。1986年，他帮我从美国康奈尔大学的物理系转到了沃顿商学院的决策科学系，并指导了我的博士论文。1989年我毕业时，他又亲自打电话推荐我去了美国得克萨斯州立大学奥斯汀分校当教授。二十多年来，他一直是我的良师益友。他的言传身教不光传授了我知识，更赋予了我智慧，让我不断去追求真理和完美。

这里只讲讲马歇尔和1号店的故事。

2009年的夏天，我收到马歇尔的一封邮件。当时，作为INFORMS国际大会组织者的他，邀请我以戴尔高管的身份在该会议上做个大会报告。我告诉他我已经离开了戴尔，从2008年开始和峻岭一起创建1号店，大会召开时正值1号店最忙的时期，我不能如期前往。他对我从学者到创业者，到职业经理人，再到二次创业者的历程一直都非常理解并鼎力支持。在邮件的结尾，我邀请他有机会来上海时到1号店来看看，他欣然接受。当时是随意说的，可对马歇尔来说，所有承诺都会兑现。

2010年春，马歇尔给我发邮件说，他夏天会到北京开会，可以绕道来上海拜访我。当时正值世博会，我想安排他在1号店逗留一两个小时，剩余时间刚好可以带他参观世博会。没想到，马歇尔在参观了1号店，听了我们的创业故事后，对此产生了浓厚的兴趣，表达了想写一个1号店案例的愿望。马歇尔以前写的案例都是哈佛和沃顿案例库的经典，能由马歇尔写一个1号店的案例实在是我们的荣耀。于是，我们又安排了他和其他几位同事深入交谈。结果，他在1号店忙了一整天，第二天才抽出时间匆忙去了世博会。

两个月后，马歇尔写的案例初稿如期而至，标题是“Yihaodian,

the No. 1 store”。我急不可待地打开邮件，看后立即与峻岭分享。太精彩了！我们不由得拍案叫好。他把我们创业初期几个重要的决策、思考过程和主要考虑因素都栩栩如生地展现给读者。其中包括：由目录营销转为线上营销的决策，网站是分区域还是统一展示的决策，自建物流的决策，供应链管理系统的设计和开发原则，等等。

结果，这个案例成了沃顿运营管理课的热门。每年沃顿都会组织一个到中国来访问的项目，参观1号店、听峻岭和我讲创业故事成了项目组成员来访的亮点，学生们纷纷报名，还要写申请书阐述申请理由以参加甄选，好几个申请者中才能挑中一个。克丽茜·明亚德（Chrissy Minyard）就是通过这个项目来访的沃顿MBA学生。参观完1号店后，她就说她被我们的创业激情所吸引，1号店就是她所希望服务的企业。几个月后，她一毕业就加入了我们的市场部管理1号店的品牌。

这个案例后来又被除沃顿外的多个学校使用，包括复旦、上海交大、香港科技大学、香港中文大学和华盛顿州立大学等。2011年，在马歇尔和哈佛商学院的阿南克里斯南（Anankrishnan）教授组织的CORS会议上，我和峻岭通过视频与大会连线，和大家分享了我们的成长故事和1号店的供应链优化，激起一阵阵掌声。用马歇尔后来的话说，我们的演讲成为“highlight of the conference”（大会的亮点）。

1 号店品牌宣传的故事点滴

早期，1 号店的品牌宣传基本都是靠口碑传播，除了发目录、海报和少量投放在公交车上的广告外，没有做过规模化的广告宣传。真正进行规模化广告宣传尝试还是在 2010 年以后，虽然次数不多，可每次的创意都噱头十足，创新和奇特，很吸引人眼球。这里挑选几个，以飨读者。

虚拟超市

2010 年 6 月初的一天晚上，我在微博上看到 Tesco（特易购，全球三大零售企业之一）在韩国地铁站做的虚拟货架的创意。该创意拿到了戛纳国际广告节大奖，大概意思是：将实物大小的商品图像印在虚拟货架上，商品下方标有价格和二维码，虚拟货架展示在地铁站等待区或过道的广告墙上，远远看起来就像一排真实的货架上摆满了琳琅满目的商品，顾客等地铁时拿出手机扫描即可下单，在家就可以收到订购的商品。

我看后感到很兴奋，当晚就没怎么睡着觉。第二天早上，我在随峻岭的车一起去办公室的路上急切地和他分享了自己的所见所想，我们拍板决定做类似的尝试。到了办公室，我们立即召集了无线团队、IT 团队、商品部和运营部的相关同事。大家都觉得这个创意好，但仔细一估算觉得这起码是需要开发两三个月的项目，因为牵涉无线扫描应用的开发、地铁广告位的谈判和排期、商品的选品、高分辨率图像的拍摄、广告的制作、库存的准备等诸多细节。

但我们希望能在当年 7 月周年庆之前上线，为周年庆造势。时间紧迫，我们给自己定下了三周必须完成这个“不可能完成的任务”的目标，各团队分头行动。丽丽的无线团队和掌上 1 号店的 IT 开发团队夜以继日地工作，为了高效的制版，淑研带着同事拿着摄影设备直接去仓库拍照。在所有团队的努力下，该项目在周年庆前一周按时上线。

我们发动全体员工来为这个项目取名，最后采用了我的提议叫“无限 1 号店”。这可以是谐音，既是 wireless（无线的），也是 boundless（无限的）。后来，在拍摄电影《我愿意》时，在李冰冰的一场戏中我们还把这一段作为台词编了进去。

2010 年，在上海地铁站推出的虚拟超市——无限 1 号店

无限 1 号店的上线引起了媒体的轰动，连着几个星期，1 号店的媒体关注度提高三倍，掌上 1 号店的销售翻番。很多顾客都主动拍照发到微博上，上海电视台还在虚拟货架墙边采访了我。1 号店的品牌和创新形象也由此迅速传播开来。

两年以后，在面试一位候选人时我才得知，当时淘宝也在进行同样的项目，但淘宝的项目因为我们先上线抢了先机而紧急叫停。这让我捏了一把汗，我也为我们团队的执行力感到骄傲！

不二之选

2012 年，我们准备加大品牌宣传的力度。由克丽茜主导，我们邀请了四个品牌创意公司给我们提建议，拟从中挑选一个合适的合作伙伴，其中有三个国际公司和一个国内公司。经过一轮挑选以后，有两个国际公司入选进入第二轮。但二选一的决策并不那么简单，因为两个公司各有千秋。

我们让这些公司放开尺度，开放思想，不受约束，大胆去设计。最后奥美（Ogilvy）得到了我们的青睐，因为它的创意非常独特，甚至可以说是很另类。奥美的创意里没有明星、美女、俊男，而是用悬念、幽默、夸张和一些不可思议的镜头来表现我们的品牌。

奥美和我们讨论数轮后，决定从电子商务比传统超市具有的优势着手。比如，送货上门，退换货容易，不需要排长队，不必在超市里费力看管小孩子，可以足不出户享受在家里订购的方便和悠闲，等等。奥美提出利用中文里“1”和“2”的区别，“1”代表第一名，又是1号店的代名词，而“2”表示不靠谱。几个视频的设计都以人变为动物来比喻去超市购物的一些痛苦，比如，排长队等待结账时急不可待的人变成了蜗牛，扛太多东西回家累得要命的人变成了毛驴，面对繁杂的退换货程序愤怒的人变成了猩猩，没管住在超市里淘气的孩子的妈妈囧得变成了鸵鸟。

视频都以穿着我们红色工装服的配送员拿着标有1号店标识的包装箱出场，画外音以“1号店，不二之选”为结尾，既诙谐又好记。

后来，有众多的朋友、顾客和网友告诉我，他们喜欢这个视频并由此了解了1号店。分众传媒的创始人江南春更是认为这几个创意是他当时看到的最好的一组作品。

2012年，1号店的系列广告创意——不二之选

无限 1 号店 2.0

奥美同时提出了另一个创意也让我们兴奋，即拓展我们的虚拟超市概念，由平面到空间，让虚拟和现实结合。奥美建议开发一个手机 App（应用程序），利用 GPS（全球定位系统）可以把虚拟超市开到任何一个地方，比如说长城、天安门、九寨沟等，而且是三维展现，让消费者有逛超市的感觉，且无须租用广告位，几分钟就可以设置好开店。

峻岭和我都特别喜欢这个创意，决定启动这个项目。因为这是无限 1 号店的升级版，我们称之为无限 1 号店 2.0。在项目上线之前，我们的公关部门用微博和媒体透露了 1 号店要开 1 000 家地面店的消息，网友们都在热议，争论得不可开交，说 1 号店开始进军线下。不

虚拟超市的升级版——无限 1 号店 2.0

少记者打电话问我是不是要开线下体验店，我按事先制订的计划都不置可否。最后，我们在北京开新闻发布会时才正式揭晓了答案。

奥美将这一创意申报到戛纳国际广告节参评，2013 年 5 月传来佳音，我们获得了最佳媒体应用（Best Use of Media）大奖，这是有史以来中国公司第一次在这个国际广告节上获此殊荣。

1 号店 Jingle

由于 2012 年的成功合作，我们 2013 年和奥美再次携手。在新的视频广告的结尾，我们决定用一段 Jingle（铃音）结束，并希望这段铃音既能明快悦耳，也能表达 1 号店的核心优势。

克丽茜组织了数次讨论，最后，我们一致同意 1 号店给顾客带去的最大价值就是“省力省钱省时间”。于是，我们决定用这句话作为我们 Jingle 的主题。

我希望这段 Jingle 活泼，有跳跃感，轻松，简单，快乐。我想了一下，随口就哼了一段，结果一锤定音：‖ 3 5 | 4 6 | 5 7 | $\dot{1}$ 0 | $\underline{\dot{3}\dot{2}}$ $\underline{\dot{1}0}$ ‖，省力省钱省时间，1 号店！

希望这段 Jingle 能让 1 号店传到千家万户！

超出顾客期望值

2011 年，公司经过了创业头三年的爆发式增长，年营业额由零攀升到27亿元。我们以三年192倍的增速位居德勤高科技、高增长亚太地区500强的榜首。

颁奖大会于2011年12月1日在中国香港国际商业大厦举行，我代表公司去领奖。当时，参会的有亚太地区各个国家的企业代表，富丽堂皇的会议厅贵宾满堂。仅有前十名获奖企业代表被请上颁奖台，有韩国、日本、澳大利亚、新加坡等地的企业。我是唯一被邀请致获奖感言的企业代表。演讲用的是英文，部分内容如下。

> 我们有幸在中国经济快速发展，尤其是中国电商爆发式增长的大潮中乘风破浪。我们选择了用网上超市的商务模式为广大顾客提供一站式线上购物和服务。我们的使命是让我们的顾客享受以丰富的产品、优惠的价格、极大的便利为内涵的现代化生活方式。
>
> 我们全身心聚焦在顾客体验上而不是在快速增长上。我们坚信只要我们提供了完美的顾客体验，增长将会成为一个副产品随之而来。
>
> 这个奖表彰了我们在商业上所取得的成就，但更重要的是认可了我们的基本价值观。我们将持续致力于顾客体验的完善，增强我们的核心竞争力，不断创新，再攀高峰！

演讲表达的核心观点是我们关注的焦点不是增长，而是顾客体验，当顾客体验做好了，增长就成了副产品，这是水到渠成的。

我们并没有因为公司的快速增长而沾沾自喜，而是深层次思考下一步如何使公司持续健康发展。当年，我们邀请了全球顶级的咨询公司来竞标，帮助我们梳理下一步的品类发展和地域扩张战略。应邀投标的有麦肯锡、波士顿、罗兰贝格、德勤等公司。最后，德国的罗兰贝格管理咨询公司力压群雄，拔得头筹，为我们做了为期十个星期的战略咨询，由当时的总裁助理祝鹏程来管理这个项目。

罗兰贝格管理咨询公司于 1967 年由罗兰 · 贝格先生在慕尼黑创建，当时公司只有他一人。而如今，罗兰贝格已经成为全球前十大管理咨询公司，在全球 36 个国家和地区设有 51 家由近 250 名合伙人共有的独立咨询机构，拥有 2 700 多名员工。罗兰贝格的成功也成为国际管理咨询界的典范。

咨询项目结束后，七十多岁的罗兰 · 贝格先生在其中国区负责人陈涛的陪同下来到 1 号店。赫赫有名但已满头银发的罗兰 · 贝格先生神清气爽、思维敏捷、虚怀若谷，具有大师风范。他和我们的高管交流了将近两个小时，令我们受益匪浅。记得当时我问他罗兰贝格这些年成功的最主要因素是什么，他说是“deliver the unexpected”（给客户意想不到的惊喜）。他举了一个例子，是他早期做的一个企业兼并项目：该企业原本期望罗兰贝格只承担一个顾问的工作，出出主意、提提建议、把把方向就行了，没想到罗兰贝格帮这个企业具体落实到了执行层面，使项目成功实施，让客户感到了惊喜，也为公司树立了口碑。

这个故事给了我很多的启发，和我一生所遵从的“低承诺，高兑现”原则完全契合，也让我在脑海里一直思考的如何持续提升顾客体验的想法有了眉目，有了升华。

在一次运营管理深度研发时，我对配送团队的负责人刘宏彬阐述了我的思路。我认为：我们的配送团队需要不断地超出顾客的期望值，至此以后超出顾客期望值的行为就应该成为我们的标杆，逼着我们不断提高，去寻找新的超出顾客期望值的点。我用汽车内置的安全气袋举例：在早期车内没有安全气袋时，有安全气袋的汽车就超出了顾客的期望值，成为卖点；而当大多数车都有的时候，气袋成为标配，没有气袋的车被认为不安全，需要用新的元素给顾客带来惊喜。宏彬非常认同，立刻邀请我给所有配送团队的骨干做一次培训来宣导

给 1 号店高管宣讲“超出顾客期望值”

这个理念，我欣然接受。

2012 年 3 月 30 日，在张江的培训教室 B，我们开始了这次培训。当时，大约有 40 多人参加，上海配送团队主管以上的同事都参加了。这次培训由培训经理余丹主持，宏彬简单开场，我那天专门穿了代表 1 号店主色的红衣黑裤上了台。

我的开场白是："一支没有精神的军队不可能打胜仗，一个没有文化的企业只能是昙花一现。"全场员工聚精会神，我展开了对我们企业文化的诠释。"我们的目标不是做最大的企业，而是做业界顾客体验最好的企业。只要顾客体验做好了，其他一切都是水到渠成的。大家来 1 号店不是找一份工作，而是干一番事业。配送团队是我们企业的形象大使，你们在顾客面前要展现我们的企业精神，传承我们的企业文化。穿着 1 号店的制服你不再是仅仅代表自己，你是 1 号店的标志。"

我说："我们要达到顾客的期望值，首先，承诺顾客的就一定要做到。"我举了十多年前我和美国西北航空公司签约的例子。当时，该公司董事长专程赶来和我握手，并说了一段让我备感荣耀的话："于博士，我非常荣幸和你握手。我听业界许多人说，和你握手就是一个承诺！"我想，如果大家都认为和我握手比和我签约更重要的话，我这一生很难失败。我接着讲："其次，我们要赢得顾客的信任，与顾客成为朋友，而不是卖家与买家的关系。但这两点只能做到满足顾客的期望值，而最优秀的团队，不是停留在达到顾客的期望值上，而是要超越，让顾客为我们的服务而感动。”

我举了许多我们的配送师傅的服务超出顾客期望值的故事：胡家耀师傅在顾客家电梯出故障的情况下，夏天扛着近十公斤的商品爬了三十层楼送货，到顾客家大汗淋漓，水也不喝即请顾客验货；张琪师傅到顾客家送货时发现顾客家门没锁，马上给顾客打电话，等顾客回到家锁上门才离开；范仕辉师傅送货时发现小区有一个小孩子孤零零没有家长在身边，守护了这个小孩半个多小时，等家长来了才离开。当我动情地讲这些故事时，自己被深深地感动，也发现好几位配送师傅的眼眶也润湿了，铁汉子张健也几乎要落泪了。

我说：“这些配送师傅是我们的英雄，他们没有喊口号，也没有做轰轰烈烈的事情，而是一点一滴，在平凡的岗位上做着超出顾客期望值的事情。我们的很多配送师傅每天都在做类似的事情，大家要持续下去。我希望每周大家都能分享这些故事，积聚正能量，每天进步一点点！”

宏彬和他带领的配送团队执行力超强，会后他们就正式启动了每周分享超出顾客期望值的活动，并创办了《风雨同舟》杂志，将大家分享的故事记载其中并传播到各个城市的配送站点。

每次听到别人评价 1 号店时，大家都会竖起大拇指称赞：1 号店的配送师傅是最棒的！有我们的配送团队这样一支坚守信念、纪律严明、使命必达的铁军，1 号店安能不攻城拔寨、所向披靡 ?!

岗岭精神

时间如流水，2015 年 7 月，峻岭和我回到岗岭集团开始新的创业历程，一晃又是一年多。当静下心来盘点过去的一年，我很有自豪感，因为我们树立了好几个企业发展史上的重要里程碑：2015 年年底，我们完成了互联网医药行业最大的一笔融资，成为这个领域寥寥可数的几个独角兽[①]之一；我们创建了互联网医院 1 诊，实现了远程电话和视频看诊，并能在线开电子处方；我们经过一年多的努力，终于拿到了允许经营 B2B 药品交易平台的国 A 证，并建立了华中药品交易中心；我们建立了 B2B 团队和 1 号药城，把触角伸向供应链的上游，希望能用互联网的模式和思维方式来打破现状，改变格局。我们所做的这一切，都是为了完成我们的战略目标——打造“互联网 + 医药”的生态圈，为顾客提供一站式的医疗健康服务。

最让我俩感到自豪的还是建立起了一支能攻城拔寨的团队，有了岗岭精神。

下面分享几个小故事。

“岗岭”的由来

岗岭的前身壹药网（后改为 1 药网）仅是 B2C（企业到消费者）

① 独角兽公司一般指估值在 10 亿美元以上，并且创办时间较短的公司。——编者注

药品电商，后来增添了B2B药品交易平台（1号药城）、批发业务（1号药业）、网络医院（1诊）、药交所（华中药品交易中心）等。若将这几个模块都放在壹药网下面，我们的业务拓展会受到一些限制。于是，我们决定设立一个集团公司，把各个业务都放在里面，未来既可以无限扩展，也可以让我们这个创业的大家庭更有归宿感。

可取名字是一件极为费力的事情。当初1号店取名就让我们绞尽脑汁，最后在几十个候选名单里面选择了最朴实无华的“1号店”，这是峻岭的太太斯特凡妮的贡献。“岗岭”这个名字是我在1号店时取的，分别用了我和峻岭名字中的一个字，全名叫新岗岭有限公司，是在中国香港用英文注册的，叫New Height Corporation Limited。出让1号店后，这个英文名不能再用，但中文名“岗岭”留了下来。我很喜欢这个名字，坚持继续使用。峻岭建议把英文名改为New Peak（新的高峰），这个名字寓意很好，表达了我们重新启程、攀登新高峰的意思。

企业品牌的打造不是一朝一夕能做到的，需要我们像爱护自己的眼睛一样去呵护，去全身心地奉献、接受和传播。当我们的企业能不断地为社会创造价值、被顾客所喜爱、被业界所认可、被员工所爱戴时，我们都会以自己是一名岗岭人为荣。

把概念变为现实

华中药品交易中心在2015年8月时只是一个概念。当时我去武汉，卓尔的董事长阎志帮我引见了湖北药监局领导和金融办主任，主要是想解决我们1药网前店后仓的合规问题。二位领导都提及了药品交易平台，他们都认为一个中立的药交所可以帮助药品交易实现阳光透明、公平公正，同时减少中间环节和灰色收入，并最终降低药品流通成本，回馈大众。

当时，我听了觉得很有道理，马上追问是否有成功先例。他们告诉我有一个重庆药交所，但它是政府主导的，靠的是政府的政策支持和推动。他们认为一个全市场化的交易所更能以市场为导向来实现目标。

回上海后，我立即打听重庆药交所的情况。碰巧的是，我年初随团去硅谷参访移动数字医疗企业时，其中的一位团友就在重庆做医药。他帮我联系了重庆药交所的一位创始团队高管，我当周就飞去重庆拜访。当天下午三点，我去见了这位高管。除参观外，他给我做了详细的介绍。我们聊得很尽兴，一直到晚上六点他要开会，我才离开。到了酒店，我微信问他晚上是否可以一起吃晚餐接着聊，他欣然接受。结果，我们晚上在酒店餐厅又交流了三个多小时。药交所的概念让我感到很兴奋，觉得如果能建一个市场化的药交所，其发展潜力将更大，尤其是这个平台除进行药品、健康产品和医疗器械的交易外，还可以进行期货和知识产权的交易。

我和峻岭沟通后，他也认可这个方向。于是，我们组建了一支筹备突击队，团队成员有陈若骐、牟青和冼尚敏。他们在一周后就拿出了一个 58 页的商业计划书，充分展现了我们团队的执行力。我拿着计划书又去见武汉的两位领导，得到了他们的认可和反馈意见。筹备组据此将计划书完善到了 80 多页，并通过了湖北药监局和金融办的审批。

得到省里的批准后，后面极为重要的一环就是要拿到国家食药监总局的批文（国 A 证）。可是，这个批文非常难拿到，以前拿到此批文试点的，后来又都被收回了。我们运气不佳，在申报过程中受到多个中国医疗领域的负面事件阻碍，影响了正常的推进，这其中影响最大的有“疫苗事件”和“魏泽西事件”。在阿彤的企业政府关系团队和筹备组永不放弃的精神支撑下，我们艰难地推进着。

一天，我去拜访湖北省负责医疗健康的副省长任正鹤。他细听了我们关于药交所的理念和模式后非常认同。谈完后，他就在我们递交的文件上用毛笔写了“不办好不回汉”，并要求湖北药监局局长陪我们一起去国家有关部门协助申请。

经过一年坚持不懈的努力，华中药品交易中心终于在 2016 年 11 月正式上线。召开新闻发布会时，时任副省长和湖北药监局、卫计委、金融办的领导都来参会、剪彩。

在那一瞬间，我觉得把概念变为现实是让我最有成就感的事，我们有这样的团队，就没有什么是不可能实现的！

主人翁精神

2016 年 10 月，我在用 1 药网买药时发现很多问题：搜索“氯霉素滴眼液’结果为空，但多搜几次又出现了；搜索 6 个商品，但前两个都缺货；给顾客的信息缺乏一致性，有的让顾客咨询药师，有的让顾客购买登记，有的让顾客提交需求；运费不统一；客服人员态度很差，不以解决顾客问题为本；将药品放购物车后下不了单，不清楚下一步要做什么；等等。我非常恼火，一是因为我们存在这些问题，二是觉得现有的团队没有把顾客体验放到第一位。

我马上召开了会议。在会上，我大发脾气，说：“这样差的顾客体验让我们怎么有脸面对顾客，怎么好意思称自己是岗岭人！”会上，曹刘阳主动认领了这个任务，他要组建一个虚拟团队持续地改善顾客体验。

刘阳做事非常认真，当天就组建了一个用户体验改进推动微信群，并邀请了 72 位相关同事入群。埃里克（Eric）也非常重视，和刘阳一起建立了这个群的工作机制：第一，用户研究团队会整理一份“待修改需求列表”，并如实维护需求列表的进度更新；第二，需求列表来源于三个部分——用户研究团队自己、BI（商业智能）和客服、本群中的各位高管；第三，用户研究团队会通过电话回访、用户可用性测试、深度访谈、网络问卷调查，以及与 BI 和客服团队合作等形式，从真实用户中收集产品的使用反馈，并将反馈结果列入需求列表。

在刘阳的带领下，这个群非常活跃，每天都有人发现问题并解决问题。大家热烈地争论解决方案的优劣，真正地体现了主人翁精神。我很高兴看到大家找到很多问题并一一去解决，而且解决的方式不是头痛医头、脚痛医脚，而是把问题的根源找到，建立流程，把同类的问题都解决。

提升顾客体验不是一朝一夕和做一两件事情可以做好的，完善顾客体验没有捷径可走，只能靠一点一滴去践行。

从以上的几个故事可以看到，岗岭精神正在潜移默化地融入我们岗岭人的血液里，体现在我们的行为中，反映在我们的行动上。这就是我们倡导的企业文化：诚信正直，成就客户，进取创业，突破创新，使命必达。虽然我们离一个一流的团队还有距离，但我们正在一步步坚实地向前迈进。

时代的幸运儿，行业的破局者

7 年前，一个互联网医药健康领域的婴儿呱呱坠地。今天，1 药网已经成长为一个阳光进取的少年，成为中国互联网医药健康领域为数不多的几个独角兽之一。

创业过程中的故事成为我们最宝贵的财富，这里分享两个小故事来反映我们团队的凝聚力和执行力。

体验地推

中国大众买药贵的现状在很大程度上是由于药品流通的低效和环节的繁多导致的，我们也希望用互联网的模式和思维方式来改变这个格局。但过去两年走了不少弯路，其原因主要还是以传统的分销模式去做 B2B，互联网只是一个信息展示和传递的工具，没有充分发挥其价值，我们也没有优势。

我们逐渐理解了 B2B 的价值体现和进化过程：早期的 B2B 仅是信息展示工具，帮助企业在线下撮合交易；一旦把交易搬到线上并掌控了支付和流向后，B2B 就可以为交易的各方提供增值服务并获取价值；B2B 的精华在于数据，以数据为基础的金融服务和决策支持可以产生巨大的价值。

于是，我们决定直接切入 B2B 平台交易服务。为了保证好的客户体验，我们从自营线上分销做起。我们把早期客户群体锁定在中小连锁和单体药店。为了获取客户，我们从 2016 年 5 月 2 日开始做地推，并将此项目命名为“502 行动”。我希望亲身去体验，得到第一手资料为未来的决策做依据。

2016 年 6 月 27 日，我专程飞去广州体验地推。我们一共 16 个人，分成了四组，我与邱振萍、陀伟严、徐亮分在一组，负责广州市白云区。

伟严是一个帅小伙，背一个双肩包，里面装着我们的地推材料。徐亮负责收集和记录顾客信息，需要通过各个角度去观察和询问。振萍是我们组唯一的女性，她和伟严都会广东话，由她率先去接触客户不太容易被拒绝。我拿着手机，不时地记录下我的思考、看到的问题及机会。

我们小组在穿街走巷，振萍专门换上了球鞋，我不断用手机拍照和记录我的想法

徒步走了大半天，我们一共去了十家单体药店、小连锁、中型连锁和诊所。广东的药店密集，基本上每条街都有，他们又都事先规划好了路线，我们就一家家登门拜访。

为了活跃气氛、提振士气，我承诺：每获取一个下单的客户，我就在地推群里发一个 200 元的红包。小组间也有竞赛，最后一名要发 400 元到群里，倒数第二名发 300 元，倒数第三名发 200 元，冠军组不用发。群里欢天喜地，热闹非凡。

最开始拜访的几家药店的老板都不在，店员只让我们留下信息或者告诉我们他们已经从别的地方采购了，不考虑进入新的平台。我们也不气馁，拿出我们精心准备的材料慢慢说服他们。功夫不负有心人，遭到几次拒绝后，我们迅速总结改进，终于有了第一单。这是一个单体药店，它买了 6 个品种的 20 件商品，共计 138 元。虽然单不大，但也让大家激动了一会儿。不一会儿，又传来捷报，另一个小组也上榜了，客户买了一个品种的两件商品，共计 536 元。再一会儿，每个小组都有订单了，捷报频传，红包连发，群情激昂。

这是我们拜访的第一位客户，虽然当场没有下单，但很友好，让我们增强了信心。第二天一早，他就下单了

一天下来，我们小组共有两位客户下单，四位客户下载了我们的App，订单转换率为20%，成为这次活动的第一名。更让我们兴奋的是，第二天一早，伟严又传来了好消息，我们去的第一家药店虽然当时没有下单，但伟严一直保持和店员的微信沟通，第二天早晨客户自己下了一单，15个品种，203件商品，共计5245元。神单！

活动结束后，大家争先恐后地在群里总结自己的经验，陀伟严说："本次走访中有一半客户是曾经有回访的，剩下的是新客户和有过复购的客户。其中，成交的两家客户中一家是新客户，另一家是有过复购的客户。先说在新客户成交的过程中，我的几点体会：（1）具备价格优势和保证商品齐全很必要；（2）有过复购的客户更需要建立信任；（3）要与店老板保持联系，到店访问没有成交可以通过微信，微信的作用很大，私下沟通有时比面对面沟通更有效；（4）要懂得尊重店老板，不能顶撞，沟通方式尽可能柔和；（5）要主动出击，特别是对于没有下载App的老板，我们应主动帮他完成注册和付款流程；（6）要满足客户的商品需求；（7）注册流程要流畅。"

振萍说："（1）建议对地推的表述做一次培训，统一对外；（2）扫描二维码的小卡片上的联系电话是"400"的服务电话，建议地推人员在小卡片上写本人联系电话、姓名，这样能让店老板更直接地找到我们解决问题。"

我也贡献几点想法："（1）最好用本地的或者会当地语言的人员；（2）最好手把手地帮助店主完整地注册和下第一单，但让他们自己操作，我们在旁边指导；（3）不要用力过猛，要慢慢讲述我们的价值点，包括价格优势、加快库存周转、现金流的使用和方便性，强调我们能帮助他们实现零库存；（4）找我们有价格优势的产品让他们当场比对；（5）当店主没有兴趣的时候，最好不要把材料留在那儿，既浪费资源，也给竞争对手留下信息。”

和年轻人一起打拼真的很开心！

合仓

借着2016年6月去广州体验地推的机会，我和王庄一起巡视了我们的广州仓。

广州仓的负责人朱浩及仓库各部门的经理引导我们按照运营的流程把所有环节都细细经历了一遍，从入库、质检、上架、订单打印及分派、拣货、分拣、包装、出库等，到退货处理和特殊问题的解决，我们都一一地盘问和思考其合理性及改善的可能性。

在巡仓的过程中，我们发现导致现场人员分散、效率低下、库存周转高、成本高等问题的一个重要原因就是把B（企业）端、C（客户）端和线下药房的库存分别存放和管理，没有总体优化。

于是，我们决定由王庄领衔，召集采购、质管、技术、供应链、采控、线下药房等部门成立三仓合一项目组（简称“合仓”），由供应链管理的张洪涛负责项目协调及方案制订，质管的张静负责项目合规，采购的严峰负责商品采购，产品技术的林永春、刘朝辉等技术人员负责系统开发、测试及上线，采控的杨雅慧负责库存周转优化，仓库的朱浩负责现场操作。

离开广州仓库前，我站在药房仓库门口说："留个纪念，我们要在半个月内关闭药房仓。"没想到，这成为合仓前的最后一张照片

项目立即启动。在王庄的领导下，团队员工加班加点，体现了一流的执行力，短短两个月内合仓成功：2016 年 7 月 10 日，线下药房与 C 端合仓成功；2016 年 8 月 22 日，B 端与 C 端合仓成功。

合仓的价值也在几个月后体现了：（1）库存周转天数从 62 天降到 35 天；（2）仓库人工成本下降了 8%；（3）作业效率提升了 10%；（4）药品操作上完全合法合规；（5）仓库实现了批零一体。

我们非常有幸地赶上了天时、地利、人和，互联网医药健康是中国最阳光的行业之一，也是现在最大的风口之一。资金涌入，巨头

合仓后，商品的摆放显得井井有条

以前存放线下药店商品的库区后来成了“1 起购”的快速周转区

入局，科技迅猛发展，这些都让这个领域充满生机。新的政策不断出台：医药分家、分级诊疗、两票制、医生多点执业、GPO（医院药品集团采购）、招投标等。既有雷声，也有雨点。

医药行业也是最后被互联网冲击的，行业壁垒和政策壁垒导致其成为一块硬骨头。我们正在打攻坚战，我们是时代的幸运儿，更有愿成为行业的破局者。我为满怀激情、砥砺前行的团队而骄傲，也为我们能抓住这个千载难逢的机会而自豪。

他山之石：发现卓尔的价值

经过不到三年的时间，卓尔集团从一个传统的商业地产企业成功地进行了互联网转型和服务升级，用互联网的模式和思维方式打造一个全球化、共惠共赢、可持续发展的B2B交易生态圈。卓尔已经拥有“卓尔购”交易平台、“卓集送”物流平台、“卓服汇”服务平台，并集成了金融平台“嘉实榴”、支付平台“卓尔智联”、跨境电商“兰亭集势”，再加上入股了岗岭集团的华中药品交易中心，并购了中农网和化塑汇，卓尔的覆盖范围又扩展到B2B药品交易和大宗农产品交易。这一切打下了生态圈的坚实基础，形成了生态圈的内核。

卓尔生态圈

这转型的过程也非常精彩，下面分享几个小故事。

握手就是承诺

我第一次认识卓尔的创始人兼董事长阎志是在 2013 年 11 月 29 日——武汉大学成立 120 周年校庆之际。我和阎志作为杰出校友和企业家代表被邀请参加庆典。由于场面熙攘，我们见面时只是寒暄了一下，交换了联系方式，没想到下一次相见已经是一年半以后了。

2015 年 5 月中旬，我去武汉参加武汉大学企业家协会理事会会议，凑巧和老阎坐在一起。这次，我们聊得很投机。他告诉我，看到互联网无情地冲击线下市场，他有巨大的危机感，希望将线下的批发市场和供应链服务向线上转型，而且已经付诸行动。我对卓尔的业务了解甚浅，只是建议他来 1 号店看看电商是如何用互联网平台及 IT 技术为顾客服务的。我特别提及了我们刚推出的 SBY（Service By Yihaodian，1 号店服务）模式，也许对他有启发。

一个星期后，阎志在微信上跟我说，希望 5 月 26 日能带管理团队参观 1 号店。我立即着手安排。因作为上海浦东电商协会理事会会长，我那天要主持理事会会议，不能全程陪同，就安排了我们的移动、IT、SBY、供应链金融和创新中心的负责人来接待他们。理事会会议结束后，我参加了来访结尾的一部分，双方团队在 1 号店移动购物的展台前照了相。老阎盛情邀请我访问卓尔，并为他的互联网转型出谋划策。我欣然应允，并承诺一个月内一定兑现。

2015 年 5 月底，卓尔管理团队来访 1 号店

6月3日，我通过微信问阎志是否认识武汉药监局的领导，我们1药网希望能在武汉设立药品仓库，采用前店后仓的模式，以便合法合规、高效率地实现药品的物流和运营。老阎回答说：不太熟，但肯定能想办法。6月8日，老阎就告诉我，他已经约好了第二天见武汉药监局领导，让我立即准备行程。老阎的说到做到给我留下了深刻的印象。第二天清早，我带了两位同事去武汉。当天，我们和药监局杨局长的沟通非常顺利，除了找到预期的解决方案外，还受启发酝酿了一个新的概念——药交所。这个创意在后来的两年内也被我们实现了，不过这是题外话。

武汉汉口北的卓尔批发市场

见完药监领导后的第二天清晨，老阎陪我去参观卓尔在汉口北的批发市场。我们先后去了酒店用品、皮具、服装、汽车等交易市场，我感到很震撼。汉口北的批发市场是一个有500万平方米、20个大专业的交易市场，几乎所有能想到的商品都在这里交易，大至汽车，小至茶具，50 多万种商品琳琅满目，全部逛完估计得一天，人气很旺。武汉市政府在周边修了一个交通枢纽：轻轨、高铁、公共汽车、长途汽车都会由此集散。

我也了解到卓尔的商业模式主要是商业地产，公司在中国香港上市，当时的市盈率只有 4 点多倍，市值是 90 亿港元左右。

卓尔刚组建的电商团队也给我展示了他们当时正在搭建的网站，我看后直截了当地说："这个网站太小儿科了，信息展示、搜索、导航、购物路径的设计离电商平台的水平差得不是一星半点，需要有专业的团队来构架和开发这个平台。"

参观完后，我们在卓尔旗下的悦玺酒店吃午餐。我对老阎说："我对卓尔的转型有几个建议。第一，现在的批发市场交易与卓尔无关，商家们在线下交易，卓尔只收租金，就是一个简单的商业地产模式。卓尔有这么好的资源，拥有武汉市未来的交易市场，为此政府还专门延伸了几站轻轨，人流量很高。卓尔如果能把交易搬到线上，实现线上线下的融合，搭建一个互联网 B2B 交易平台，控制交易的流向和支付，将会产生巨大价值。第二，光汉口北就有两万多个商家，每个商家都有众多的需求，包括供应链金融、信息服务、数据服务，甚至还有找仓库、找办公场所等各种需求，这恰好是卓尔提供增值服务的好机会。第三，交易市场的品位需要提高，不只是把早期的小批发商和零售商搬到里面，还可以建 outlets（品牌折扣店），引入国际顶级品牌。"

我认为如果能做到这些的话，卓尔将不再是一个传统的商业地产商，其市盈率应该在20倍以上，而这些是五年之内可以实现的。老阎听了很赞同，他说他非常有决心，有信心，希望能真正实现互联网化。我回应："我也坚信这一点，甚至可以考虑投资卓尔。"老阎听了很高兴，他诚恳地邀请我说："那就太好了！老兄，你就直接带领我们的互联网转型和服务升级吧，一定可以做到。"我被老阎的诚意所感染，更被他的胸怀和大度所感动，答应回去和太太商量后再做最后决定。说起来难以置信，就在午餐之际，凭着相互的钦佩、敬重和信任，这个故事就这样发生了。

还有个小花絮。卓尔的股价自上市以来几年都波动不大，可就在我访问汉口北的那一天，它的股价猛涨21%。老阎发来微信，并附上卓尔股价的截屏说："卓尔发展股价今天大涨！于兄，真福人也！"

当晚回到家，我就和米歇尔商量。我对米歇尔说："老阎是我见到的企业家中最有情怀的诗人，诗人中最有胸怀的企业家。而且我们的为人很一致，都是低承诺高兑现。"米歇尔对这件事全力支持，我们决定投资卓尔。第二天，我就把这个决策通过电话告诉了老阎，并承诺注资可以在一个月内完成。老阎听了很高兴，说："感谢老兄的认同与支持！期待与老兄的合作，我一定全力以赴！"

老阎立即组织团队开始准备定向增发和新闻发布，并任命我为董事局副主席。这次是和蓝色光标合作，新闻稿都准备好了。7月底，老阎来信说："于刚兄，如我们讨论所说，香港通称这一职位是董事会副主席。可否考虑一下加大点力度，直接选举你出任董事会联席主席。第一，我是真心想转型，也知道卓尔必须转型；第二，联席主席也是非执行角色、荣誉性的，和副董事长差不多，对您的搭档也好解释。请老兄考虑支持！”我说，我需要和米歇尔及我的搭档峻岭商量一下再回复。

2015 年 8 月 16 日，在卓尔新闻发布会上，阎志宣布于刚任董事会联席主席

经过认真的思考，并与峻岭和米歇尔沟通后，我给老阎回复：“我和峻岭、米歇尔仔细商量过了，决定接受你的盛情邀请成为卓尔集团公司的联席主席。但我有几点请求：一是这个职位只是荣誉性的，在声誉和时间上不能影响我的主业，以对我的搭档、股东、员工有个交代；二是不过多参加饮酒和应酬，不过于频繁地因此出差，以

对我的家庭有个交代；三是卓尔像你的孩子一样，我会全力辅助你，但若我没能帮你太多忙，或者我不能给你的企业带来正面的形象，我会主动请辞，以对老兄你和你的企业有个交代。你觉得可以吗？”老阎回信：“太好了！非常感谢于刚兄的厚爱和信任！对您的三点要求我完全同意！相信在您的用心带领下，卓尔一定会成功实现互联网化，也会成为您珍爱的‘孩子’！”老阎的真诚和人格魅力让我折服。

8月初，我的注资如期汇出。收到汇款后，老阎在微信上对我说：“于刚兄，您的汇款已到公司账户，再次感谢老哥的信任！”我说：“是相互的信任。我们两人一样，都是握手就是承诺！”老阎回道：“所以投缘，一见如故！兄弟！”我又回道：“这种信任和情谊是任何东西都换不来的！”

一次握手，一生缘分，也成就了卓尔的价值。承诺是金！

五杆洞的故事

2017年初春的一天，我去北京参加泰康在线的董事会。我抽了半天时间，和泰康在线董事长王道南一起打高尔夫。到了一个五杆洞，正要发球时，电话响了。一般我在球场上都不接电话，一看是老阎打来的就接了。老阎说：卓尔的市值已经接近500亿港元了，但卓尔的董事会的层次还太弱，需要升级，希望能邀请到互联网界的领袖级人物加入董事会。我说：让我思考一下。我球发出去后，边走边想。打完第二杆，我就给老阎回电话，推荐了三个著名的互联网企业家，其中之一就是阿里巴巴集团的前 CEO（首席执行官）卫哲。我把三人的背景讲了一遍。老阎权衡了一下，说：就选卫哲吧，他对 B2B 的电商理解很深，而且有实操经验。我打完第三杆后，就给卫哲打电话，邀请他加入卓尔集团董事会。卫哲说："我只听说过卓尔足球队，也不知道卓尔是做什么的，做得怎么样。但因为是老兄你邀请的，你也任卓尔的联席主席，我和你认识了这么多年，你从来没找我帮过任何忙，我都找不出拒绝的理由。哈哈。"我为卫哲对我的信任而感动。上了果岭，我推完杆后，立即给老阎打了电话，告诉他卫哲同意了。

2013 年 9 月，我和卫哲一起在中国香港接受 CNN（美国有线电视新闻网）采访

2016 年 1 月，在大商学院毕业典礼的晚会上，卫哲饰演《水浒传》里的浪子燕青，我饰演豹子头林冲

卫哲作为独立董事加入了卓尔董事会。大约一个月后，卫哲给我打电话，说他想到一个很好的点子，他也可以由独董变为非独董。他提及了他的基金投资并由他任董事长的一个企业——中农网。他说：可以考虑中农网被卓尔并购。中农网总部在深圳，是做糖业务的 B2B 交易平台，每年的交易额有上千亿元。我也觉得这种并购对双方都是有利的。于是几天后，我陪卫哲一起去武汉和老阎面谈。

老阎和卫哲谈得非常愉快，卫哲的情商和老阎的胸怀让两人对这个并购案很快就达成了共识。但没想到，后来的过程极为曲折，甚至常常是一波三折，连老天都在考验大家的毅力和恒心。一天清晨，我刚起床，正在刷牙时接到了老阎的电话。老阎的声音很弱、断断续续，他说他原本打算乘早班飞机去深圳处理中农网的并购事宜，但由于天气突然降温，结冰路滑刚出了车祸，正在去医院的路上，希望我能替他去深圳。我说：老阎你放心吧，我来负责这件事。我二话不说，就直奔机场，乘坐最早的航班准时赶上了深圳的会议，与中农网及相关各方面对面地沟通，并展示了我们的诚意，将这个案子顺利地推动下去。

经过近一年的不懈努力，卓尔并购中农网的里程碑终被铸就。

一次开拓视野之旅

2015 年年底，我建议老阎去美国参观一些高科技和创新型的企业，以开拓视野并了解国际上创新的科技和商务模式的发展趋势。老阎极为认同，并希望由我来安排。我推荐他去西雅图和旧金山，因为西雅图有亚马逊、Costco（好市多）、波音和微软，而旧金山附近的硅谷乃是全球创新的中心，有著名的苹果、谷歌、脸谱网等公司。

我们两人都很忙，但这件事我一直记得。于是，我于 2016 年 6 月开始策划，但真正成行已经到 2016 年 8 月了。

我应捷克驻中国大使的邀请，2016 年 7 月底先去访问了捷克的布拉格和克鲁姆洛夫，又借机去了匈牙利的布达佩斯和奥地利的维也纳，8 月初从欧洲直接飞到了西雅图，在那儿等待老阎。老阎 8 月 6 日从中国飞到西雅图和我相会。

老阎和我一起先去访问亚马逊，并和亚马逊中国区前 CEO 史蒂夫·弗雷泽（Steve Fraser）及我以前的部下、现任亚马逊运营副总裁纳德·卡巴仑（Nader Kabbani）进行了深入交流。我们主要想了解亚马逊有哪些 B2B 模式，它在中国的战略是什么，双方是否有合作的机会。我的儿子于华睿（Ray）当时刚好在亚马逊做暑期实习，我们也借此机会把华睿接出来，一起在联合湖边的一个日餐馆吃午餐。路上，我们还看到亚马逊的一个小车在提供免费香蕉，过往的路人都驻足拿香蕉，挺有意思。

2016 年 8 月，我和阎志、于华睿一起在亚马逊总部

接下来，我们又去了 Costco（好市多），很可惜我的沃顿学长——

Costco 的 CFO 里查德 · 加兰蒂（Richard Galanti）正在度假没能见到。但我们在其西雅图最大的店足足逛了几个小时，老阎对 Costco 如何选择商品、大包装的模式、高性价比的商品，以及如何打造自有品牌很感兴趣。

第二天，我们专程开车去访问波音。看到波音组装 747 飞机的壮观场面，我们都感到震撼。老阎一直都在筹办一个制造私人飞机的企业。这次在西雅图，我们为这件事还专门找了我的老朋友——张哲瑞律师，探讨收购一家美国研发和制造小型私人飞机企业的相关事宜。

硅谷的行程是卫哲帮助安排的，我们 8 月 9 日飞到旧金山后，住在卫哲在当地的家里。两个晚上，我们与数位硅谷的著名华人一起进行晚宴，包括我认识了三十多年的朋友、斯坦福大学物理系的著

与阎志一起在卫哲家晚宴，左边是物理学家张首晟，右边是华裔企业家迪迪克 · 李

名教授张首晟，西班牙巴塞罗那俱乐部的副主席迪迪克·李（Didiac Lee），脸谱网副总裁魏小亮，谷歌原资历最深、职位最高的华裔朱会灿，美国科学院院士王永雄等。张首晟给我们深入介绍了区块链的发展和趋势，让我们理解了其巨大的潜力和前景；魏小亮和朱会灿给我们介绍了各自企业的创新和一些新技术、商务模式的走向，尤其是移动互联和物联网的未来，让我们受益匪浅。

在卫哲家与硅谷著名华裔进行晚宴交流，在场的有脸谱网副总裁魏小亮，谷歌原资历最深、职位最高的华裔朱会灿，美国科学院院士王永雄等

接下来两天，卫哲陪我们一起去访问硅谷的创新企业。我们先后去了谷歌、脸谱网、爱彼迎和来福车。在参观来福车时，我突然想起一位老朋友，沃尔玛全球电子商务的前资深副总裁布莱恩·罗伯茨（Brian Roberts）正在来福车当CFO，我们把布莱恩也一起叫来聊了一会儿。

我和阎志、卫哲一起访问脸谱网

我和阎志、卫哲一起访问共享经济的新秀来福车，我的右手边是老朋友、沃尔玛全球电子商务前资深副总裁布莱恩·罗伯茨，现任来福车 CFO

我和阎志、卫哲一起访问爱彼迎

紧张且丰富的开拓视野之旅对我们的思路产生了巨大的冲击，让我们意识到了自己的不足，也对创新有了新的理解。虽然我在美国生活工作过 24 年，但也感到脑洞大开，总结起来有以下几点感受：一是世界变化得太快，而且是越来越快，知识马上就陈旧了，需要不断地去更新，去丢弃包袱，去忘记和再学习，去拥抱变化；二是新的概念、技术和模式在不断涌现，而且很多都是在硅谷或西雅图这样有创新氛围的城市里，在有一流人才的企业里被发明创造出来的，企业创新的机制和营造的创新环境是非常重要的；三是互联网和数据的价值我们才看到冰山一角，互联网时代正在向智能时代转变；四是科技给人类带来的价值越来越大，但企业需要有远见和雄略，敢于去投入，同时也需要创造一个可以吸引科技人才的环境，筑巢引凤。

美国开拓视野之旅结束了，但给我们带来的深远影响才刚刚开始……

卓尔价值体现

卓尔团队具有绝对一流的执行力，把两年前老阎和我构建的概念一一实现了。卓尔帮助批发商提升交易效率，降低成本，拓展销售区域。卓尔成为“互联网 + 专业批发市场”模式的综合性 B2B 电商平台，聚合了商品、信息、交易、物流、物业等一整套服务功能，建立了线上线下集成的批发行业生态圈，形成在线批发、信息管理、智能物流、物业服务等商贸物流 O2O（线上到线下）闭环，大大降低了供应链成本，提升了运营效率，推动了上游制造业的转型升级。

而卓尔所做的一切也被资本市场所认可，其在香港联交所的上市公司——卓尔集团的市值已从 2015 年 8 月的 80 多亿港元增至现在的 1 000 多亿港元。而发现价值的过程更让我快乐，我在内心深处感叹：“和有胸怀、有情怀、有智慧的挚友一起做事业，真开心！”

但卓尔团队并没有满足于此，他们正在向更高的目标砥砺前行！

第二章

创业的理念——

在实践中感受创新和执行的力量

我的创业理念

下面，我讲述一下我的几点创业理念。

第一，创业者要有很强的责任心。你创建的企业就像是你的孩子，你有责任让它在将来健康地成长，不生病，成为社会的栋梁。企业家不仅要为企业、为员工负责，还要为所有接受这个企业概念的顾客负责，担子是很重的。

第二，创业者要有激情。从表面上来看，这种激情是创业者吃饭睡觉都想着它，但在更深的层面上是当遇到很多困难、坎坷的时候，创业者仍能全身心地投入。对职业经理人而言，创业只是身外之事，就像许多华尔街的人拿着别人的钱做投资一样，钱只是个数字而已；但对创业者而言却不一样，创业者是倾注感情的。以我们自己来说，如果有员工离职了，或者有顾客不认可我们，我们心里会很难受，我们会想：为什么我们做这么好的事情，而他们却不接受我们？

第三，创业者要能坚持下去。在通往成功的道路上，我们会遇到很多困难和挫折，最重要的是要对自己和自己的团队有信心，坚持走下去，笑到最后的人笑得最甜。我们不可避免地会犯错误，但我们要学会从中吸取教训，不能因害怕犯错而缩手缩脚。

第四，企业家必须有敏锐的商业嗅觉，随时关注周围的动态，注意观察世界的变化，跟上时代的节奏。在信息时代，信息就是一切，尽可能多地获取信息，丰富自我是获得灵感的最好途径。

第五，虽然创业者都很想马上赚钱，但有一点不能失去——诚信。诚信是贯穿一辈子的事情，不要因为一些蝇头小利而丧失了最基本的做人原则，那样失去的反而更多。

第六，创业者要有执行力。创业者光靠概念和想法是不够的，一定要把它们落到实处，一件件地执行下去。即使这些想法是错的也要去试试，不然这一大堆想法永远只是概念。

第七，创业者必须要有一个良好的心态来面对挑战。虽然我们对事业倾注了全部心血，也努力希望它成功，但我们必须接受一个事实，那就是在创业过程中一定是有很多坎坷的，可能成功，也可能失败。创业成功是“天时、地利、人和”的综合体，缺一不可，并非创意好就足够了，所以，即使不成功也不要懊恼。我们要珍惜的是整个创业的过程，在这个过程中尽力去克服种种困难让人受益匪浅，对我们的将来甚至一生都是一笔很好的财富。

创新：企业的生命线

下面，我跟大家分享一下我对于创新的看法和1号店的一些创新实践。

创新关系企业的生死存亡

我们必须把创新提到一个绝对的高度：创新是企业的生命线，直接关系企业的生死存亡。这绝不是危言耸听。

我曾经服务过全球两个非常优秀的企业：戴尔和亚马逊。我看见这两家企业在创新方面的表现差异，导致了两家企业当前现状的差异。戴尔虽是全球执行力最强的企业，但创新之举乏善可陈；而亚马逊——全球最成功的企业之一，则非常注重创新。举个例子，亚马逊每年最大的奖就是总裁创新奖，奖品是美国著名NBA（美国男子职业篮球联赛）球员的一双球鞋。这么多年来，大家可以明显看到两家企业的发展速度谁快谁慢，从亚马逊在资本市场的受追捧程度远高于戴尔也可看出。

不仅如此，大家也可以看到，很多曾经非常优秀的企业，因为缺乏创新而停滞不前，甚至无法存活。比如：柯达曾经是公认的全球顶尖、一流的公司，因为缺乏创新而被淘汰；而苹果公司，重新定义音乐，重新定义电脑，重新定义通信，每一代产品都以创新的形象出现，从而改变大众的生活方式，不断引领时代潮流。

这些年，我看到这些企业的沉浮，明白创新是企业的生命线，是企业生存的基石。我认为对电子商务企业而言，创新尤为重要。在计算机和互联网时代，速度成为企业发展最为重要的因素：产品更新换代越来更快，信息爆炸，竞争加剧，信息以光速传播，决策速度更快！在这种情况下，企业不创新肯定会被淘汰。

大概十七八年前，我在美国商学院任教时，学院杂志让教授们预测一下 21 世纪科技的发展趋势。我的预测是："电脑将无处不在！计算机也许像手表一样戴在手腕上，也许像眼镜一样被人们佩戴，也许会植入皮肤。驱动方式可以用语音，甚至可以用人的思维。"那时，这些看来虽然有些超前，但通过近些年的发展，这些预测正在一点一点变成现实。

创新要植入企业的基因

在创建 1 号店时，我和刘峻岭花了两个星期的时间，专门讨论企业文化的内容。最开始，我们写了两页纸，强调执行、顾客等诸多内容。但最后，我们把它缩减至 8 个字：诚信，顾客，执行，创新。创新，是我们的企业基因之一。下面，我给大家介绍一下 1 号店是怎么进行创新的。

首先，1 号店的商业模式就是一种创新。我们从大品种、快消品切入。这个其实是非常难的：海量的商品，体积大、分量重、易漏、易损。但我们认为，只要迎难而上、克服壁垒，这些难点就能成为我们的竞争力。另外，除了商品，我们又加入了很多其他服务项目，有药网、医网、手机充值、信用卡还款、银行转账、水电煤气缴费等，从而真正实现我们的使命：让顾客足不出户，享受一切商品和服务。

同时，我们认为顾客、商家的需求都是多样化的，一种商业模式没办法满足所有顾客和商家的需求。因此，我们当时的构想是：让我们的系统非常具有柔性，流程非常具有柔性；让我们的系统能够同时容纳多种商务模式，并能迅速引进新的商务模式。我们同时孵化十几个项目，看哪些项目可以生存下来，不好的项目就被淘汰。当时，我们发展得非常好的项目有：掌上1号店、虚拟超市、店中店、名品特卖、1号团。企业频道以及EPP（企业内购平台）等都是慢慢孵化出来的。下面，我具体说明一下部分项目的特点。

店中店：1号店不光是有自己经营的产品，也可以为其他很多的商家提供平台服务，这种方式既可以增加我们的产品品类，也能帮助我们扩大地域覆盖范围。

名品特卖：我们发现很多优秀大品牌需要对过季商品进行清仓处理，或者需要进行新品促销等，因此，我们专门开辟了“名品特卖”频道，以满足这些商家的需要。

1号团：我们专门的团购频道，最多需要3个月，销售额就能翻一番，发展趋势非常好，而且是盈利的一项业务。

企业频道：很多企业都会有采购的需求，像员工福利、日常办公用品的采购等，我们发现很多企业希望有一个能为其提供特定服务的商家，而在我们的企业频道，只要企业客户通过事先认证，都能有自己的特定入口，并能享受账款定期结算、特需定制等服务。这类服务非常受企业的欢迎。

EPP：如果一家拥有几万至几十万名员工的大企业成为我们的EPP客户后，这家企业的员工通过EPP购买商品，就可以享受更优惠的价格等特定服务，而企业则通过这种形式给自己的员工创造福利，商家也借用这个频道推广自己的品牌和商品。

另外，我们在配送方面也有很多模式：半日达、一日三送、夜间配送，以及在指定时间配送等。

创新要营造一个开放、鼓励尝试和容错的氛围

创新，要不怕犯错误。

所有新的方法、新的模式虽然有成功的概率，但也需要冒很大的风险。因为好的做法恐怕大多已经被尝试过，我们去尝试的一些新的做法，在很大程度上会失败。所以，我们要有容错的心态。以我们曾经犯过的错误为例，在1号店上线之前，我们在没有做市场调查和尝试的情况下，筹备了3个月的时间做了一本非常精美的300多页的目录，一次印了10万多本，花费100多万元。但这种推广效果非常不好。1号店早期的商品都是一些低单价的快消品，而这种目录的形式、价格不能动态改变，于是我们果断地停掉了。又比如，之前我们做了很多海报，通过地铁站、小区发放，当时一发海报，订单就上去，发

放停止，订单就减少。后来，我们忍痛停止这种发海报的方法。

我们发现，这些不是电子商务的做法，于是逼着自己去创新，去找适合电子商务的推广方法。接下来，我介绍一下我们几个比较成功的创新案例。

“品类中心”。大家可能觉得去实体店购物，可以看看、摸摸、走走，实实在在地去体验购物的过程，而电子商务缺乏的正是这种“逛”的感觉。其实不然，电子商务也可以有逛街的感觉。我们建立了很多的品类中心，顾客在这里不仅能够购物，还能了解到不少的知识。我们的葡萄酒品类中心，不仅销售各类葡萄酒，也介绍酒文化，例如世界 10 大酒庄，葡萄酒酿造过程，什么样的酒搭配什么样的食品和酒杯等。我们的电压锅品类中心，会介绍电压锅的优点是什么，使用方法是什么，还有一些菜谱。所以说，顾客不仅可以购物，还可以学习知识，体验和享受购物的过程。

“社交购物”。现在，大家知道社交购物非常时髦，其实我们在 2008 年刚上线不久，就开始做社交购物了。最开始，我们与新浪乐居频道合作，将这个频道直接与 1 号店链接。我们与天涯也有合作，网友可以在天涯看到“天涯 1 号店”，我们甚至在论坛里植入一些知识性帖子，我们发现，朋友的介绍和意见领袖的介绍更容易被信服。另外，我们还与门户网合作，与游戏公司合作，与很多当地社区合作。这些都是我们早期的创新之举。

“购物工会”。早期，1 号店推出了一个购物工会。我们发现，在办公室这样的环境，很具有口碑效应，一个人买了一个商品会告诉他周围的朋友和同事。于是，我们推出了这个服务。顾客可以和他的朋友或兴趣相同者一起组建“购物工会”，只要“工会”的人一起购买，达到一定数量，下次购物就可以一起享受一定的折扣。

“个性化服务”。我们发现，顾客的购物行为有很多规律，如商品的关联性、频次的规律性，我们可以通过这些数据研究出顾客的购物规律。比如，有些顾客对新品非常敏感且愿意尝试，有些顾客则不愿意尝试新品。我们基于顾客行为做了很多数据挖掘，并进行个性化推荐。比如：发现有的顾客之前收藏了某款商品但没有购买，我们就在这款商品做促销时，推荐给他；发现顾客搜索时没货了，我们也会在到货时提醒顾客。通过数据挖掘，我们建立了顾客行为模式，从而形成系统化的针对顾客的个性化服务。

“1 页购”。通过分析顾客的消费行为模式，我们推出了这个功能。顾客一登录，就有一个自己专属的个性化页面，可以在一页内完成购物。当时开发这个功能的初衷就是，以前顾客每次购物时都需要去搜索、寻找，我们希望让顾客的购物流程更简单顺畅。我们发现，用这个功能的顾客很多。当时，我们还有一个专门的团队在进行更多的研发，以便更好地优化这个功能。

“早市、夜市”。我们发现，有些顾客很早就开始购物，而有些顾客要到下班之后才购物。因此，我们推出这一频道以满足这些顾客的需求。而且，我们还提供特定商品、特定促销等。

创新一方面需要跟上新的潮流，另一方面要通过新的技术把一些常识性功能重新优化利用，给顾客带来便利和实惠，这也是一种创新之举，如我们站内的首字母搜索、语音搜索等创新搜索功能。

创新要放眼未来

当时，电子商务在中国还是一个非常新的行业，没有更多经验可供借鉴。我们在创新时，不仅要不怕失败，还要放眼未来。

说到创新，很多人可能只看到眼前的事情，会更多思考“我现在要做什么”。我认为，我们还应当花时间去看未来，创新要为未来做准备。像我们同时孵化很多项目，这些项目可能只有几个成功，但是没关系，只要成功几个，就能奠定我们未来的基础。

像我们的店中店，孵化了1年才开始推出，后来一星期能进驻一百来家商铺。我们的名品特卖，在上了三个星期后，就增长很快。以我们的掌上1号店以及虚拟超市为例：在北京地铁站，我们投放了一个27米长的广告墙，非常壮观，展示我们商品的丰富度和多样性；在深圳地铁站，我们则采用了在屏蔽门上安装虚拟售货机的模式，这也是为我们的未来投资，为手机购物打下基础。采用这种方式的效果很好，写稿时我们已经积累了200多万名手机用户。我们还尝试在电影中植入品牌宣传，并结合电影做整合营销，在电影院门口发巧克力、抵用券，在情人节的时候给顾客送玫瑰花等。

我们还会尝试情景营销、事件营销。我们曾做过一次家电促销。

我们卖什么，顾客可能没有直观的概念。于是，我们进行了一个场景模拟，把所有商品摆在厨房里，让顾客一目了然。此前，我们还进行过“最美前台”评选活动，与顾客互动，共收到 4 000 多张照片，一个候选人最多有 2 万多人为其投票。

我们的团队有一个非常开放的心态，愿意接受创新的做法。很多想法和做法是员工自己自发去做的，我们也很乐意听到这样的想法，看到这样的做法。也许做了十几个项目，八九个是不成功的，但没关系，这是我们企业的文化——鼓励员工去尝试，去不断地创新。

系统和流程的创新

其实，我们更多的创新是后台的创新：怎么提供全程的电子商务解决方案。下面，我举几个例子。

“Last mile”（最后一公里）。我们在 30 多个城市有 140 多个自配送站点，我们自己送货的及时率达到 98.6%。

“First mile”（第一公里）。我们自己到供应商那里取货，这样做的好处是，我们可以在想去的时候就去取货，从而增大取货频率，加快库存周转，提高产品充货率，降低仓储成本。

同时，我们还具备很多能力：仓储能力、配送能力、采购能力、系统能力、CRM（客户关系管理）能力。我们把这些能力打包起来，可以给我们的商家提供服务：“ Service by Yihaodian ”。如果有的商家有电子商务能力，可以只用我们的仓库管理系统，或者用我们的配送，或者直接把商品放到我们的仓库里；而有的商家不知道如何运营电子商务，我们则可以帮它们完成整个订单履行过程。

我们在仓库运营、配送方面有大量的创新，比如全流程的RF（射频）操作、自动分拣、语音分拣、波次拣货等。通过这些创新行为，我们大幅降低了运营成本。

企业文化和体制的创新

如果让我挑选一项这几年我们企业做的最正确的决策，我会选“把顾客体验指标与我们所有员工的薪资奖金提升挂钩”这一项。这项举措的效果很好，仅2011年一年时间，我们的顾客体验指标就从年初的84.4%左右上升到年底的89.2%。但这项举措，我们足足推动了近3个月，非常困难。我们遇到了不少反对的声音和阻力，有些高管也不能理解。我和峻岭甚至在开会时当场发火，说：“你要不执行，你就不属于1号店！”推行下去后，仅到2012年，该指标就又提升到了92%。

所以说，我们不仅在文化上植入创新基因，在体制上也进行大量的创新。

创新已经不再是一个时髦的词，而是企业必须具有的能力。尤其对电子商务而言，创新直接关系企业的生死存亡。企业今天不创新，也许明天就会被淘汰，所有人都应引以为鉴。

创新想法点滴

创新是企业的生命线。没有创新，没有不断的创新，企业就会被历史的洪流抛弃并遗忘。计算机，尤其是互联网的发明是人类文明史上的革命，而不仅仅是演化（revolution not evolution）。

在计算机和互联网的时代，产品更新换代的速度更快，信息传播的速度更快，市场变化的速度更快，人们做决策的速度也更快！

我有幸服务过两个优秀的企业——亚马逊和戴尔。戴尔早期在供应链管理上有大量的创新，比如戴尔直销模型，将规模定制应用在计算机制造上，推出供应商物流中心和供应商管理库存使其库存周转减少到近 4 天，利用戴尔的规模优势帮助供应商乃至供应商的供应商进行采购以降低自身成本，等等。

早期的创新使得戴尔能够成为具有 20 年以上历史的全球公司里发展最快的公司。在各著名公司创建 20 年时，其营业额分别为：IBM 1 亿美元，惠普 3 亿美元，GE（通用电气）20 亿美元，沃尔玛 47 亿美元，微软 107 亿美元，戴尔 414 亿美元（这里已经考虑了通货膨胀的因素）。

可近些年来，戴尔在商务模式、产品设计和市场推广上缺乏持续的创新，被惠普和苹果超越，被宏碁和联想缩短了距离。尤其是在电脑已逐渐成为一种低技术含量的商品，普通电脑即可满足大众需求，个性化定制已不重要时，戴尔并没有拿出什么好的对策。戴尔有业界称颂的执行力，但执行力不能取代创新。

创新已融在亚马逊的血液里。每年杰夫·贝佐斯都要颁发一个与创新相关的奖，NBA球星的一双鞋做纪念，亚马逊每年新的业务和新的商务模式的推出也令人眼花缭乱。

当时，贝佐斯和我的上级维尔克对我所领导的供应链管理团队的创新也非常支持，帮助我推动下一代供应链的改造，帮我推出了最佳库存目标（optimal inventory target）、转运（transshipment）、健康库存（inventory health）、平衡网络（network balance）、履单优化（fulfillment optimization）等多个优化项目。贝佐斯对我承诺我的瓶颈不是预算，而是什么时候可以招到优秀的人才。

创新使亚马逊引领电子商务潮流，也被华尔街看好，其市盈率当时达到68。而当时，沃尔玛的市盈率在14左右，易贝网在16左右，苹果在23左右，谷歌在29左右。

创新也是1号店得以快速发展的动力，是我们企业文化“八字箴言”的一个重要部分。1号店的网上超市商务模式，每日1款、夜市、购物工会、与门户网站（新浪、网易）合作、与社区网站（天涯、腾讯）合作等都含有大量的创新思路和做法。我们成立了创新委员会，希望能进一步推动创新。

企业要想长久和持续创新，必须有一个系统的创新体系。该体系主要包括以下三点：营造一个开放和鼓励创新的氛围，有激励机制，有资源分配机制。

在营造一个开放和鼓励创新的氛围方面，谷歌和苹果是我们企业的榜样。在谷歌，“no idea is a stupid idea”（什么想法都可以提出来，没人说你傻）让员工们以开放探索的心态看待一切。苹果的乔布斯崇尚的“Stay Hungry，Stay Foolish”（求知若饥，虚心若愚）已融入企业的基因。

对于勇于创新的员工和他们成功完成的创新项目，要在评估后给予精神和物质上的奖励。而对于一些需要公司投入资源的创新项目，则要有一套审核和立项机制，以直接得到公司高层和各相关部门的认可和支持。要容许犯错，但要避免重复犯同样的错误。前面的人摸着石头过了河后，后面的人可以直接冲过去，不需重复交学费。

不要一味地追求原始创新，因为原始创新需要大量的资金、人力和时间的投入。模仿创新也是值得推崇的，尤其是对于电子商务这样的新业态。许多其他业态或其他企业的好的做法，自己的企业都可以借鉴、学习、模仿，并按本业态和本企业的特点进行个性化改进。

早期的日本和中国台湾地区的企业基本上都是模仿创新，实力变强后才加大力度投入原始创新。科学界更是有交叉学科，将一个学科的知识用来解决另一个学科的问题。比如，仿生学、算法中用到了物理中的模拟退火算法（simulated annealing），遗传算法模仿了生物进化过程，等等。

企业发展的路径是多元化还是专业化

企业发展的路径是要多元化，还是专业化呢？我认为专业化发展和多元化发展各有利弊，不同的企业，在不同的领域、不同的时期可采取不同的策略。下面，我来陈述一下我的观点。

专业化发展的优点有：可以在某一专业领域做得深、专、精，可以聚焦核心领导层的关注度和资源配置，可以精准地进行品牌宣传和市场营销。

专业化发展的缺点有：鸡蛋都放在一个篮子里，抗风险能力差，企业所在的专业领域可能市场狭窄、发展潜力不大，所打造的核心竞争力可能没得到最大程度的发挥。

多元化发展的优点有：在某一专业领域衰退时可谋求在另一领域的发展；若多元化的领域都建立在同一核心竞争力之上，则可产生协同效应，比如交叉营销，丰富了提供给顾客的产品和服务内容，增强了顾客黏性，还能实现资源共享。

多元化发展的缺点有：核心资源分散会导致领导层注意力不集中；品牌定位难；有限资源难以分配；使企业多处树敌，首尾难顾；若多元化的各领域之间关联性不强，企业很难将各领域都做大做强，还可能使各领域都沦为二流，直至被淘汰。

不同的企业在不同的领域、不同的时期可采取不同的策略：在创业阶段或规模不大时一定要实行专业化发展，将五个手指握成拳头，集中所有精力和资源做好一种产品、一个市场或一项服务，以在市场上立足并最大程度地获取市场份额和顾客的认可，这时如果进行多元化发展无疑是自杀；当企业发展到规模足够大时，当企业所在的市场趋于饱和或竞争激烈时（如电脑、手机行业），当企业所在的行业处于衰退过程中时，企业应该考虑多元化发展或改变商业模式。

企业的多元化发展必须建立在自己的核心竞争力之上，否则会事倍功半，甚至导致企业的倒退和失败。我见过一个民企集团本身是经营农副产品的，后来又进入教育领域，又经营出租车、便利店，各业务之间完全没有关联性。企业必须清楚自己的核心竞争力是什么，才可能去关注、分析、寻找合适的多元化领域。

企业进行多元化发展时要避免机会主义，因为机会主义往往会导致巨大的机会成本。企业进行多元化发展时已经过了捞第一桶金的阶段，不能再脑袋一热看见有利可图就立即进入，要三思而行。人只有两只手，都抓着东西不放就只能望着机会兴叹。

我推崇的多元化发展的成功典型是苹果公司。它从一个电脑品牌商起步，以 iPod（苹果公司音乐播放器）和 iTunes（一款免费数字媒体播放应用程序）进入电子音乐市场开辟了一个新的产业后，又以 iPhone（苹果智能手机）进入手机市场，同时推出 App Store（苹果应用程序商店）辅助 iPad（苹果平板电脑）以半开放的形式用大众的力量打造一个应用服务平台。所有这些都基于苹果公司的核心竞争力：品牌、时尚化设计、创新能力、顾客黏性。

但戴尔的多元化发展过程挫折重重。戴尔除了笔记本电脑、台式电脑、服务器和工作站等业务外，还曾进入过多个领域，如打印机、电视机、MP3（一种音乐播放器）、投影仪和PDA（掌上电脑）等，但都没有达到预期。我认为其原因是戴尔没有发挥自身的核心竞争力，且在每个领域里都浅尝辄止，没有深入。作为戴尔曾经的老员工，我由衷地希望它朝服务的方向拓展成功。

对中国企业影响最大的管理精华

阅读哈佛商业评论的特刊《百期管理经典》，重温这些理念，思考自己这些年的管理实践，理解更深刻了。下面，我尝试着把这些理念的精华用简短的语句描述出来。

哈佛商业评论编辑部评选出的“对中国企业影响最大的十大理念”是：蓝海战略、情商、流程再造、双因素激励理论、平衡计分卡、核心竞争力、经营之道、精益生产、变革八部法、五力模型。

蓝海战略是指企业去开创一个没有竞争的市场空间以求得持续的盈利性增长。开创蓝海的方式有：（1）创造全新的行业，例如易贝的在线拍卖、脸谱网的社区；（2）拓展现有行业的边界，在红海的内部开辟出一片蓝海，例如苹果的iPod和iPad。

情商对一个领导者出色业绩的贡献是专业技能和智商的两倍以上。情商包括五个因素：自我认知、自我调控、内驱力、同理心、社交技能。情商是可以通过后天的学习和培训得到的，虽然需要付出很多但极为值得。

流程再造是指抛弃旧的业务流程，利用现代信息技术和管理理念，从根本上重新设计流程。企业引入 ERP（企业资源计划）、OA（办公自动化）、SCM（软件配置管理）等都需要进行流程再造。其成功取决于领导层的远见、信念和支持，资源的投入和执行力。若再造不当，信息流通不畅，环节脱节或不同步，反而将企业引入混乱。

双因素激励理论将影响员工工作满意度的因素分为两大类：（1）内在因素，包括工作内容、认可、成就、责任等；（2）外在因素，包括薪酬、工作环境、同事关系等。其中，前者被称为“激励因素”，后者被称为“保健因素”。激励因素往往比保健因素更重要，企业为了吸引和留住人才，往往会向激励因素投入更多的资源和努力。

平衡计分卡是指用多维度、多视角的方法去审视一个企业的绩效，以促进财务与非财务衡量方法之间、长期和短期目标之间、企业内部流程/员工和外部客户/股东之间、结果和过程之间的平衡。其主要维度有：客户、内部流程、创新和学习、财务。

企业的核心竞争力是指其组织内部的集体学习能力，尤其是协调各种内外资源并把多种技术整合在一起的能力，并能对工作进行组织以提供价值。检验企业核心竞争力的标准有：能否帮助企业切入一个新的市场，是否对最终产品给客户带来的价值有重大贡献，是否让竞争对手难以模仿。

经营之道是指企业决定做什么和不做什么，此决定基于该企业的经营原理，主要包括：企业所处的环境（社会、市场、客户、技术等）、企业的使命、企业的核心竞争力。该经营原理的有效性取决于：以上三者是否客观，是否相互契合，是否被企业的所有成员理解，是否得到不断的检验。

精益生产就是在适当的时间、适当的地点生产出客户所需数量的产品，同时消除生产过程中的一切浪费现象。此方式下的每一项作业、工作衔接、流程路线都是严格和硬性规定的，不得有任何偏差。制定这些流程所基于的假设都是经过严格控制下的实践检验的。精益生产造就了丰田的成功。

变革分为八个不可或缺的阶段：制造紧迫感，建立强大的变革领导集团，明确愿景，沟通和传播愿景，扫除障碍，系统规划并取得短期成效，巩固成效并推动进一步变革，将变革固化到企业文化中。若企业试图跳越某个阶段，则往往会导致变革失败，欲速则不达。

五力模型中的五种竞争力量构成了一个行业的基本结构：新进入者的威胁，买方议价能力，卖方议价能力，替代品的威胁，现有竞争对手间的抗衡和牵制。只有充分了解这些力量，才能客观地衡量企业的优劣势，准确地给企业定位，构建对自己有利的行业结构，制定有效的发展战略。

以上只是我根据自己的理解将这些理念浓缩了一下，便于大家理解、记忆和推广，希望不要失去其原有的含义。

优秀企业必须抛弃的十种文化

怎样定义一个优秀企业呢？教科书上说，优秀企业的员工充满激情，领导层富有远见，激励机制明晰，核心竞争力凸显，人才梯队丰满，流程制度健全，顾客为上，诚信为先，鼓励创新，沟通顺畅，执行高效，团队精诚合作，企业富有社会责任感。这当然是一个理想的企业，可一个企业怎样才能做到以上这些呢？我认为每个企业都要从抛弃以下十个不健康的文化做起。

第一，负向思维文化。具有负向思维的人首先看到的总是事情坏的一面、失败的一面、不完美的一面，社会的阴暗面，别人的缺点，决策的风险，工作和生活中的烦恼。负向思维人总是泼冷水，找瑕疵，看到问题不去解决，只会抱怨。具有负向思维的人在一个企业里就像一个癌细胞快速地吞噬着健康的肌体，影响着周边的人。发现这样的人必须立即清理，让具有负面思维的人在优秀的企业里无生存之地，除非其彻底改变思维方式。

第二，“站队”文化。在这种文化下的企业，其“办公室政治”浓厚，员工喜欢拉帮结派，每人进入公司时都忙着观望和分析几位当红之人的前途，希望自己能站对队，背靠大树好乘凉。在这种企业里，大家顾及的都是自己小团体的利益，而不是公司的利益，争论的总是你对还是我对，而不是寻求真理在哪里。

第三，故步自封文化。许多企业缺乏创新机制，对变化持有恐惧心理，对市场的变化不够敏锐且用保守的心态去被动地应付，总觉得现有的商务模式和运营机制还没有崩溃，就不要去动它，不懂得未雨绸缪，等到竞争对手快速赶上时才慌了手脚，往往发现时为时已晚。

第四，服从领导文化。这种企业强调等级，且层级设置得很多。员工以服从为宗旨，不以批判的眼光去分析、思考和消化管理层的决策，即使认为不对也默默接受，并改变自己的想法去适应管理层的决策。这样做导致的结果是错误的决策无人指出，每人最好也只能做到“做事正确”，而不是“做正确的事”。

第五，“俄罗斯套娃”文化。在这种文化下的企业在招聘人才时，人事部经理总是怕新来的人比自己强而抢了自己的饭碗，因而，总是找比自己能力差的人，对有才能的人才进行压制不让其出头。结果，企业招聘来的人越来越差，像俄罗斯套娃一样一个比一个小，使企业走向平庸和衰落。

第六，责权利不清文化。在很多企业里，责权利不挂钩，即对某个项目和部门负责的人没有实权去调动资源以达成其被规定的目标，或达到其目标后没有合适和清晰的利益让其有成就感。这种责权利的脱节使责任人“巧妇难为无米之炊”，且没有足够激励让责任人为该事业全力付出。

第七，不犯错文化。这种企业对错误的惩罚很重，缺乏冒险精神。每人都缩手缩脚，不敢创新，做决策时也都观望领导的脸色，不求有功，但求无过，对流程和制度不敢存有异议，即使业务模式和技术手段产生了大的改变也不去挑战。

第八，本位主义文化。在这种文化下的企业里，每个部门只守着自己的一亩三分地，不顾企业大局。部门间合作出现问题时总是互相指责，盯着别的部门的过错，而忘了自己也是决策或执行团队的一部分，经常在推出新项目时不与其他相关部门充分沟通，却一厢情愿地期望得到别的部门的全力支持，向领导争取资源时毫不顾及企业的能力和对企业总体的影响，总是认为自己的部门最重要，别的部门只是配角。

第九，不承诺文化。在这种文化下的企业里，每个人说话都含含糊糊，不敢承担，不担责任。对布置下来的任务，我们经常听到的口头语就是“我们会尽最大的努力，争取达到公司的目标”。这种含糊的表态，导致责任不清，目标不明，大家逍遥度日，没有追求。

第十，不注重细节文化。在这种文化下的企业，开会内容空泛，不以事实和数据说话，缺乏决策分析和依据，没有可以量化的考核指标，没有清晰的目标，只是在要结果时才发现问题，但为时已晚。这类企业开会时的典型发言是：“今年比去年有显著的增长，明年还望有更大的突破。”

电商创业的几个误区

在电子商务领域从业和创业这些年来，我不断在实践和摸索中学习，从自己犯错和纠错以及观察研究其他电商的成功和失败的过程中，有了一些感悟和体会。与电商界新创业或正准备创业的朋友们交流时，我发现大家在创业时仍存在多个误区。我将在本文中分享我的见解，能让大家少走一些弯路，乃吾之幸事。

误区一：只要有流量，就会有销售

不少人误认为流量就能带来销售。不错，电商有句名言：流量为王（traffic is the King）。虽然流量是电商的基础，但我们也千万不要忽视流量的质量。从公式“销售额 = 流量 × 转换率 × 客单价”中，我们可以看出，流量只是影响销售额的一个因素。其中，转换率的定义为进入网站的顾客最后下单的百分比，客单价是顾客从该网站一次购物的平均消费。低质量的流量转换率低，并且即使顾客下单也只是领取赠品或只购买深度折扣的商品，对利润和价值的贡献几乎为零甚至是负的，这种流量应该果断地过滤掉，不要让其占用服务器、物流和客服资源。我们曾和一些游戏网站和视频网站合作，但效果都不理想，因为这些网站的用户目的性很强，就是玩游戏和观看视频的，对其他事情没有兴趣。

在获取有质量的流量这一点上，我们的做法是对各个不同渠道来的流量进行细化管理，制定不同的流量策略和转换率目标值，详细分析来自各渠道的流量特征并用不同的营销方法来应对。比如：门户、游戏、视频网站大多用来做品牌宣传；对于来自返利类的网站联盟的流量，则用促销信息促成其购买，并对网盟的量进行一定的控制以降低对其的依赖；对于来自搜索引擎或导航网站的流量，则用精准的搜索内容、关联推荐、丰富的品类中心内容促使其转换；对于来自社交网站的流量，则用热门话题和相关联的商品进行口碑营销。

误区二：好的线下零售商线上也一定能做好

不少人认为，线上线下都是零售，只是渠道不同，只要商品好，在哪里都好卖。这种观点忽视了这两者的巨大差别：线下和线上的零售各有各的优劣势，若不能扬长避短，则可能一事无成。线下零售具有实体商品体验性、商品立即可得性，可通过场景刺激实现临时冲动性购买，店员可近距离服务等特征。线上零售具有无店面虚拟购物，拥有大量顾客信息能实现精准营销、口碑营销，传播的速度和广度不受地域、时间和货架空间的限制等特征。

这里以营销为例。线下零售多数依赖海报和平面广告进行推广，利用店铺场所的环境及声、光、味等效果刺激购买，也可以通过销售人员与顾客的面对面交流来推介商品。而电商则通过 SEO/SEM（搜索引擎优化 / 搜索引擎营销）、EDM（电子邮件营销）、网盟、门户网站广告、SNS（社交网络服务）合作来获取流量，同时可利用大量的顾客搜索、收藏、购买、关联商品的数据和信息进行精准营销，还可以用 landing page（引导页）、链接、用户评论、打分系统等方式为顾客提供知识性、经验性、权威性的推荐。我们曾经尝试过借助线下零售，通过发放目录和海报的方法来推广，结果发现效果奇差：首先，由于需要先让顾客上网，因此多一个环节反而导致顾客流失和转换率降低；其次，顾客多数仅通过电话购买海报和目录上展示的数百个商品，而不上网去浏览我们在线的数万个商品，从而导致价值贡献低；最后，由于海报和目录上的商品的库存和价格不能进行实时调整，导致其更新速度慢从而无法适应电商的动态运营。

误区三：只要抓好了某一个关键点顾客体验就能好

不少电商创业者问我：怎样才能提升顾客体验？很多人都认为，把和顾客直接相关的配送和售后客服做好就能提升顾客体验，这是一个很大的误区。顾客体验是一个综合考量指标，涉及商品的丰富度、销售价格、送货的及时性、售后服务的优劣、系统和用户界面的使用是否简单方便等。顾客体验的改善是一个从一点一滴做起的长期过程，没有神奇的、一蹴而就的方法。

首先，1 号店从上线的第一周开始，就每天由客服经理发出一个日报（daily report），内容是顾客通过各个渠道（电话、邮件、论坛、网上调研等）给我们的反馈。在这份日报中，客服经理把这些反馈意见进行系统化的归纳分类，并指定责任人和解决时间。每周，我们都要把这个问题清单上所列出的问题全部解决。这种烦琐的事情做几天几周不难，可要一年 365 天每天坚持却是不容易的。

其次，我们将每个部门的 KPI（关键绩效指标）和顾客体验关联起来，比如，产品部和顾客体验相关的 KPI 有商品丰富度、缺货率、动销率等，配送部有送货及时率、配送成功率、错货少货破损率等，客服部有一次问题解决率、24 小时问题解决率、顾客满意度等。通过这些 KPI，我们让每一个岗位的员工都明确他们的工作是如何影响顾客体验的。然后，我们把第三方机构每周通过问卷调查所得到的顾客满意度指标和我们所有员工的奖金、薪资和晋升挂钩，让顾客体验的改善成为每个员工必须关注的焦点。每周，我们用 Pareto 分析（帕累托分析）将影响顾客体验的主要问题找出来，并形成项目去逐一解决。通过这一系列举动，我们才将顾客体验持续提升。

误区四：只要规模做大了成本自然就会降下去

电商是一个规模游戏。由于电商早期在人才、IT 技术及硬件和物流设施上的投入较大，需要一定的规模才能摊薄这些成本，从而容易形成一个误区：有了规模，成本就自然会降下去。不错，有了规模就有了谈判的筹码，增加的规模可以帮助企业降低采购、物流以及营销成本。但这种观点忽略了重要的一点，即商务模式的可扩性（scalability）。当一个商务模式不可扩时，其规模越大成本越高，或者其成本的降低远远达不到预期。比如，有网友提议在小区里通过物业和保安建立提货点，管理提货点的兼职人员也可以进行小区推广和区内送货。这种模式完全不可扩，因为它增加了一个中间层相应的时间和其他成本，如何招聘和管理这么多小区的兼职人员将是一场噩梦。

还有不少其他误区，如垂直电商较容易成功，电商的成本一定比传统零售低，等等。但由于篇幅有限，在此不一一赘述了。

价格战的利弊反思

虽然在 2012 年 8 月 15 日爆发的、中国年轻的电商史上声势最浩大的一次价格战已经鸣金收兵，但新的价格战还会不断开始。大家应该冷静下来反思，在价格战中究竟谁是赢家？价格战有利于中国电商的发展吗？广大顾客最后受益了吗？

我们简单回顾一下这场价格战的过程。2012 年 8 月 15 日上午，京东董事长刘强东通过微博宣布：京东大家电三年内零毛利！如果三年内，任何采销人员在大家电加上哪怕一元的毛利，都将立即遭到辞退！随后，他又发布微博表示：京东在全国招收 5 000 名国美、苏宁易购的价格情报员，每店派驻 2 名。任何客户到国美、苏宁购买大家电时，可拿出手机用京东客户端进行比价，如果便宜不足 10%，经由价格情报员现场核实属实，京东立即降价或者现场发券，以确保便宜 10%！

当天下午，苏宁易购执行副总裁李斌对此做了回应：苏宁易购包括家电在内的所有商品价格必然低于京东，任何网友发现苏宁易购的价格高于京东，苏宁易购都会即时调价，并按两倍差价赔付已经购买商品的反馈者。当天晚上，国美副总裁何阳青对外宣告国美也加入这场价格战：国美电器网上商城全线商品价格将比京东商城低 5%。

一时战火纷飞，“此价一出，胜负已分”的红色标识出现在京东、苏宁易购等多个产品的页面上。至于这价格战打得是否属实，打扫战场时，明眼人心里自然有底。一淘专门盘点了这场价格战的战况，根据其发布的数据：在这场价格战中，实际参与降价的商品占各电商总商品品种的比例，京东仅有 4.6%，苏宁易购有 7.5%，且这些参与降价的商品平均降价的幅度不超过 10%，并没有出现众人所期盼的“回合制无尽降价”的模式。而且，产品不对称、缺货、降价前突击提价等现象都为顾客和媒体所诟病。在这场价格战中，有赢家吗 ?!

价格战的受害者

我认为打价格战是弊大于利的。虽然价格战吸引了大众的眼球，得到了免费流量，促进了销售，也广而告之，让顾客知道线上也可以购买大家电，但我认为通过价格战来达到这些目的，是杀鸡取卵、饮鸩止渴，是牺牲长久利益换取短期利益的行为。

从品牌、营销和市场的角度来看，其弊端有这样两点。

第一，越高调的价格战给顾客带来的期望值越高，若难以兑现对顾客的承诺，则会让顾客有被欺骗的感觉。比如在这次价格战中，京东承诺自己的价格比苏宁易购、国美便宜 10%，而苏宁易购承诺若发现自己的价格比京东贵则赔付双倍差价，国美也承诺自己的价格比京东便宜5%等，而实际上，这些承诺难以兑现。虽然价格战让电商在短期内增加了销量，但却使顾客对参战商家乃至对整个电商行业的信任度下降。从长期来看，价格战给电商的品牌和声誉带来的损失不可低估。

第二，挑起价格战的一方往往唱红了竞争对手，减少了自己的市场份额，并被大众和媒体所诟病。从大众心理学的角度解释，战争挑起者往往被认为是具有侵略性、缺乏正义的，而应战者往往是被同情的。其结果也是如此，我们看这两家的百度指数：大战前，即8月13日，京东在百度上的用户关注度为苏宁易购的4.8倍；而大战激烈进行时，即8月15日，这一差距一度降到1.51倍；大战平息后，这一差距变为2.3倍，并没有回到原来的格局。从媒体关注度上来看，京东在大战前占有压倒性优势，而在大战时，苏宁易购甚至一度反超京东。

从供应链运营的角度来看，价格战更不可取。

供应链管理最忌讳的就是脉冲式销售，因为脉冲式销售会给销售额带来巨大的波峰波谷。为了按时履行突然涌来的订单，仓库、配送、客服等工作人员都需要加班加点，这会造成运营成本的急剧升高。而配送拖延、客服电话打爆、问题处理缓慢等又会降低顾客体验，给企业造成长久的伤害。

在价格战中，竞争对手会采取哪些措施、顾客如何响应，这些不确定因素会给库存管理带来巨大挑战，商家很难判断合理的库存数量。缺货、断货会使顾客感到被欺骗，而过多的备货则会造成库存积压。

价格战让顾客有了期许，顾客会在价格战时购买，从而造成购买时间转移，价值降低。

以上都是由价格战导致的运营成本的增加。而羊毛出在羊身上，这些额外成本迟早会转嫁给顾客，最后还是消费者买单！

科学地管理价格

首先，我们必须得承认，价格对于零售确实非常重要。在电子商务中，品种（selection）、价格（price）、可得性（availability）、方便性（convenience）是顾客体验的基石。其中，价格是顾客选择的最重要的因素之一，顾客总是希望得到优惠和实惠，且其重要性不随时间的改变而降低，过去重要，今天重要，将来仍然重要。

但价格的竞争力应该建立在高效优化的供应链基础之上，只有将采购、仓储、配送、售后服务等各个环节的成本降下来，才能将所节约的成本让利于顾客。同时，价格是可以进行科学化管理的，可以靠系统、机制、优化模型和方法来实现其竞争力。比如，用价格智能系统（price intelligence system，PIS）覆盖主流电子商务网站的价格，以实时抓取、储存、分析商品价格和库存信息。基于这些信息，价格管理团队可以进行数据挖掘，分析价格弹性，并根据采购成本、顾客需求、竞争对手价格和利润目标来制定价格策略，建造价格模型。

最后，PIS 用这些价格模型自动、实时地调整价格，以保证价格的竞争力。

价格指数（price index）是衡量电商企业与直接竞争对手在价格方面的竞争力的重要指标。首先，我们根据价格弹性对商品进行分类，价格弹性高的为敏感商品，价格弹性很低的是长尾商品；然后，我们在各个类别里抽取不同数量（敏感商品抽样更多）的样本，以计算其与竞争对手的加权平均价差百分比，并在商务回顾会上重点审核，发现自身价格指数高时需进行调整。

总之，我希望在电子商务这个新型业态里，大家能够理性竞争，一起打造一个健康的生态圈，把资源和能量都放在创造价值上，让更多的人享受到电子商务带来的实惠便利的全新生活方式。

创与投的共赢之路

2016 年 7 月，在创业和投资领域，最热门的话题非“雷士风波”莫属。雷士照明的联合创始人吴长江和投资方，因积压的矛盾得不到妥善解决，最终双方通过微博、媒体等公开渠道相互抨击，关系恶化到了决裂的边缘。

雷士风波的大体背景如下：1998 年，吴长江和另外两位合作伙伴一起出资创建了雷士照明；2005 年，三位创始人发生分歧，在经销商们的支持下，另外两位被迫拿钱离开；2006 年，雷士引入赛富注资；2008 年，雷士又引入高盛注资，赛富同时增持成为雷士的第一大股东；2010 年，雷士在香港上市；2016 年 5 月，雷士突然发布公告称，吴长江因个人原因辞任公司一切职务，同时董事会宣布由赛富亚洲基金首席合伙人阎焱担任董事长；2016 年 7 月，吴长江通过微博表示自己“被逼离职”，同时，阎焱对媒体透露了吴长江卷入调查事件、存在关联交易、无视董事会决议等内情，但双方都没有拿出实质的证据来证实或否定这些指控。此事一出，立刻成为公众关注的焦点。而且双方之争一再升级，雷士各地经销商停下订单，供应商停止供货，员工罢工，要求吴长江回归。

雷士风波凸显了近些年来，在中国企业里创始人和投资人或多或少的冲突现象，其他较为典型的案例还有红孩子、俏江南、后谷咖啡、相宜本草等。冲突的原因各有不同，主要有：企业发展战略的分歧，企业的控制权，上市不顺利，创始人和投资人丧失了相互信任，等等。

不少人认为，创业者和投资人之间存在的是一种对立的关系，雷士的案件似乎证实了这一说法。而我认为，创业者与投资方本是双赢的关系，不是你输我赢的关系，双方的基本目标应该是一致的，都希望为顾客、员工、股东创造价值，同时也为自己创造价值。但除了这个目标外，双方的目标也有差别：创业者还重视企业的独立运营并希望自己能主导企业的战略方向，还希望具有对企业的掌控感和创业的成就感；而投资者则希望实现低风险、高回报，企业的透明运营，创业者能全身心地承诺不要另有小算盘。

在不知道实情时，我是有条件地支持吴长江的。首先，创业者非常不容易，把企业当成自己的孩子，把全部心血都倾注在其中，并冒着巨大的创业风险，很多甜酸苦辣是不为人知的。中国的创业者尤其不容易，需要面对不规范的市场、不力的监管和缺乏诚信的社会现状。有数据证明，创业者含辛茹苦十年，其创办的企业的存活率也只有 2%，更不要谈成功率。其次，创业者不是完人，不能对他们要求过高。他们砸锅卖铁，投入了全部，冒着巨大的风险，全身心地承诺，应该帮助他们走向成功。最后，吴长江能够得到员工、供应商、经销商的支持，说明他得到了他人的尊重和信赖。这也是他苦心经营多年，能够成功走到今天的佐证，不应该一棒子把他打死。但我对吴长江支持的条件是：他必须遵守契约，遵守游戏规则，不能有不诚信之举。

天使投资人有时会凭着感觉和情感投资，而 VC（风险投资）和 PE（私募股权投资）的投资人则非常理性。这也无可厚非，因为 VC 和 PE 的投资人除了考虑投资回报，还要为投资基金的注资者们负责，减少风险。对创业者而言，创业初期的融资是非常困难的。

在雷士一案中，我认为阎焱处理问题的方法过于草率，他应该和吴长江单独坐下来谈谈，而不是诉诸媒体，以决裂的方式去对待，并暗示一些还没有被证实的对方的污点。而当双方在情感上有了抵触后，只会越谈越糟。

我有过两次创业经历，从天使投资人、风投、战略投资者处融资过六次，融资总额达数十亿元，也当过天使投资人。因此，我对创业者和投资方有亲身的体会。我认为，投资人和创业者要共赢，必须做到以下几点。

第一，投资者和创业者的价值观要一致。这一点非常重要，也是创业者在选择投资者时需要首先考虑的问题。双方要对企业的未来和退出机制有共识。

第二，投资者和创业者是合作伙伴关系，是平等的关系，要么共赢，要么共输。而要达到共赢，双方必须互相理解，互相尊重，知道各自的目标并合理满足对方的需求，发现分歧时应该以正向的态度、包容的心态去解决。

第三，投资者和创业者应能够很好地进行沟通，把话摊在桌面上，不能臆测、背后批评和指责。双方的“化学反应”是非常重要的，必须维系，没了这种反应，很难继续合作。因此，千万不要低估沟通的重要性，宁愿过度沟通（over communicate），也不要沟通不足（under communicate），以保证双方对企业发展进程有一致的理解。绝大多数的“创”和“投”的关系是良性的。没有投资者提供的弹药，创业者是无法去打胜仗的；没有创业者的激情投入，投资者也无法让资金产生最大的价值。

我希望在中国的“创”和“投”领域里，能看到更多的理解、尊重和包容，双方能实现共赢。

顾客体验面面观

谈起顾客体验，我对它的认识也经历了一个过程。以前，我觉得它很虚，将其与“顾客为先”“顾客是上帝”“顾客是衣食父母”等口号等同起来。真正让我对顾客体验有深刻认识的，是我在亚马逊主管其全球供应链的那两年（2004—2006 年）。尤其是在陪着亚马逊创始人杰夫·贝佐斯访问亚马逊的几个美国和欧洲的订单履行中心（fulfillment center）时，听他诠释了他对顾客体验的体会后，我对这个概念的理解有了升华。

在亚马逊工作时，我听到最多的两个词就是：顾客体验（customer experience）和可扩性（scalability）。大会小会都谈。其中，后者是可扩性，即如何建立无限可扩的商务模式，如何用自动化的系统和设施取代人工，如何制定完整的流程以便复制，等等。贝佐斯否定一个商业创意常用的名言就是“That doesn’t scale”（这不具备可扩性）。有一年，亚马逊所有员工拿到的一个纪念品——一个里面会忽隐忽现一些亚马逊名言的魔球中就有这句话。这个魔球一定还在我搬家后还没打开的某一个纸箱里，希望还能找到。而前者就是我在下面要深谈的顾客体验。

顾客体验一方面是一个非常实在、可以细化、可以衡量、可以改善、可以具体到每一个工作岗位的概念，另一方面也是宽泛的、没有止境的、只有更好而没有最好的概念。它是一个综合的考量，涵盖了顾客使用商品和服务的全过程。下面，我举几个例子说明一下。

先举几个贝佐斯常用的例子，没有图片了，我只能凭着记忆描述。

（1）在南美的一个岛上有一个停车标志牌（stop sign），可能为了绿化考虑，该标志牌底色是绿色的，上面印着白色的“Stop”。结果，这里经常出事故，因为“红色停，绿色行”是国际惯例和人们的日常习惯。

（2）很多大门上都装有一个把手，人们看到自然会去拉，结果发现不对，应该推这扇门，再仔细一看，原来旁边写了一个 Push（推）。把手本来就是用来拉的，不应该再用字来说明。需推动的门不用装任何把手，人们别无选择只能推。

（3）我在亚马逊办公的那栋楼的电梯左右两边各有一盏一样且对称的圆灯，电梯向上时左边灯亮，向下时右边灯亮。可电梯乘客怎么知道左代表上、右代表下呢？简单的解决方法就是，将灯上下摆放，或在灯上加向上或向下的箭头，而不是让顾客去猜测和犯错误。

（4）一把为手有残疾的人特制的剪刀，但其外包装是硬塑料制的，坚固无比，正常人都难以打开，残疾人更是只能望洋兴叹。

（5）拉斯维加斯的一家高档酒店为了凸显自身的档次，在酒店沐浴间的洗发液、护发素、沐浴液、润肤液上用的名字都不是我们常用的 shampoo、conditioner、body wash、lotion，而是自家酒店编的花俏的名字。绝大多数顾客进了沐浴间才发现自己不知道这些名字指的是什么，然后再打电话到前台询问。

从此以后，我在工作和生活中特别关注影响顾客体验的点点滴滴。尤其在创办 1 号店的这些年，我发现了很多生动的例子。

我们都想知道顾客体验究竟是什么？为什么顾客体验对电子商务尤其重要？顾客体验可以量化吗？如何改善顾客体验？下面，我们就对这些问题一一进行探讨。所有购买商品和服务的行为都存在顾客体验问题，作为商品和服务的用户，我们在日常生活中都会有好的或不好的感受。

在理解什么是好的顾客体验前，我们先看一看什么是不好的顾客体验。大家经常用以下语言来描述不好的体验：太麻烦，不方便，看不懂，太贵，没有我想要的，不爽，客服态度很差，没解决我的问题，等等。显然，有了这样的体验后，我们恐怕不愿意再次使用此项服务，也不会积极、正面地向朋友推荐。

再具体一些，在电子商务中，顾客体验是什么呢？是配送员的态度吗？是客服人员的态度吗？是拿到商品给顾客带来的喜悦吗？

是，但又不完全是。顾客体验应该涵盖顾客从接触一个网站到在网站享受服务或购买商品的全过程。这种体验也有“软”“硬”之分。软性体验有：配送员不能在顾客门口抽烟，必须用规范术语和专业行为服务顾客，没经过顾客允许不进入顾客家门，等等。硬性体验有：商品配送是否及时，送到顾客手中的商品是否有误，等等。

对电子商务而言，顾客体验是非常重要的。这主要是由电子商务的以下特征所决定的。

（1）电子商务是虚拟购物，客户看不到实物商品，只能靠文字说明和图片展示向客户诠释商品。而且，图片拍摄的角度、颜色、反映的尺寸会和顾客的想象有偏差。例如，有些衣服穿在模特身上很漂亮，但穿在自己身上不一定好看。

（2）电子商务的购物流程比实体店复杂，仅付款和选择送货地址等就多了好几道麻烦的手续。

（3）顾客在进行网上购物时，选择商品和收到商品有时间差，而这个时间差会导致顾客的感知、印象和需求的变化。有时候，顾客看到商品时，会因为一时冲动而购买，等商品到手时，那股热乎劲儿没了。

（4）电子商务由 IT 和互联网技术支撑，因此系统可实现的功能是有限的，或者即使能实现也是需要时间和成本的。比如退换货，部分收货，用其他合作伙伴网站的积分加现金购买，等等。电子商务对一品多码，一码多品的问题也比较头疼。比如：加大的促销装和普通装是一个条码，促销时顾客若拿到普通装一定会不开心。

（5）在顾客收货前，电商要为顾客所选择商品的正确性、质量、有效期等负责。

因此，对电子商务而言，提升顾客体验要遵循以下基本原则。

（1）基石：丰富、实惠、及时、便捷、安全。这些是一个电子商务企业生存和发展所必须的。这一点很容易理解：再好的服务和价格，没有顾客想要的商品也没用，价格永远重要，顾客无法忍耐无限期等待，商品搜索和付款方式直接影响顾客下单，商品质量和信息安全有保障顾客才能对商家产生基本的信赖，等等。

（2）流程和系统：简单直观，顾客无须思考、猜测和细读说明，让顾客没有机会犯错误。这么做的理由是：社会节奏快，不要让顾客在不必要的地方再去动脑筋；习惯的力量是巨大的，与其尝试去改变顾客的习惯还不如去适应顾客的习惯；不要凭着工程师的想象去帮顾客设计，设计不是给自己用的，而是给顾客用的；设计系统和流程时顾客不在场，我们要代表顾客，要替他们着想；简单实用比奇异独特更重要。

（3）个性化：体现在购物全过程，包括搜索、推荐、提醒、售前售后服务等各个环节。

电子商务的优势之一在于拥有顾客的购买、搜索、收藏等相关信息，可以充分利用这些信息为顾客提供更贴心的服务：在顾客买了意大利通心粉后，给她推荐番茄酱会让她感到贴心；顾客每五周买一次牙膏，在第四周时提醒她该买牙膏了会让她感到温馨。

（4）问题处理：快速、完整、合理。

对顾客说一百声抱歉也不如真正解决顾客的问题。滚雪球效应往往会导致顾客的流失，给顾客留下不好的口碑。

（5）给顾客的承诺一定要兑现。

很多企业失败就是由于对顾客承诺太多而无法兑现造成的。例如，多年前的一个电商网站——e 国，曾在北京推出“e 国 1 小时”活动，全场免运费，一罐可乐也免费送，并承诺北京市区 1 小时送到，曾成为北京一景。但其不计成本的做法和不可行的商务模式，导致其早早谢幕。

有一次，我在纽约百老汇看歌剧《妈妈咪呀》(*Mama Mia*)，临时到剧场买票。我本想买每张 127 美元的、座位靠中间的票，可这些票都已售完，只有前排靠边的几个座位的票没有卖完，每张仅售 61 美元。售票员一再提醒我，在部分场景中，坐在这些座位会被挡住，从而影响观看效果。但既来之，则安之，我抱着极低的期望值享受了一场精神大宴。这是我在百老汇观看的多场演出中，感受最好的一次，而且还是半价！

顾客体验的改善是需要持续不断的、长久的进行，要从点点滴滴的事情做起，不能一蹴而就。

从 1 号店上线的第一周，我们就开始做周商业回顾（weekly business review），而商业回顾的第一部分就是顾客声音（voice of customers）。这些反馈分别从电话、网站、邮件和其他渠道获得。面对顾客反馈的这些问题，大家从根本上找原因并提出改进方法，而不是头痛医头，脚痛医脚，然后指定责任人，确定改善目标和解决时间。

我们也走过很多弯路。比如，在设计 1 号店第一版网页时，我们学习国外网站的概念，首页做得太“素”，缺乏内容和购物氛围，需要点入才能看到具体商品，结果顾客反馈不佳。我们网页的跳转早期是学习谷歌的，只有一页，打开靠前后箭头翻页。后来，我们做了顾客调查，发现国内的顾客喜欢热闹，喜欢在一页内就看到所有感兴趣的信息，同时顾客喜欢打开多个网页随时跳转，觉得这样更方便。有了调研数据和分析结果，我们马上进行改版。当时，1号店的网站改了四版，主要都是从顾客体验的角度考虑的。系统及流程的设计迎合顾客的习惯极为重要。很多网站设计（包括智能手机的界面设计）逐渐趋于相同是因为顾客形成了习惯，若追求独特往往需要承担更大的成本甚至会丢失顾客。不一定非要原始创新才算创新，引进已被证明的、被市场所接受的好的做法的复制性创新也有很大价值。

顾客体验的改善不仅是公司高层要考虑的事情，也是每个岗位的员工要考虑的事情，而且每个人都可能对顾客体验有直接或间接的影响，比如在下面这些方面。

- 配送：态度良好，配送及时，无破损、溢漏、丢失。
- 客服：迅速并合理地解决顾客反馈的问题。
- IT：购物流程简单、顺畅，系统操作方便明了，指示清晰，搜索快捷，系统无漏洞。
- 产品部：有满足顾客需求的商品，价格合理，商品分类符合顾客寻找习惯，缺货率控制在合理水平。

- 市场部：精准营销以满足顾客个性化需求，市场活动简单有效。
- 仓库：库存、拣货、分拣、出库准确，包装良好。
- 质检：保障商品质量，有有效保质期。
- 文字描述：商品特征描述准确清晰，图片准确。

而以上这些要落实，必须要有可以量化的指标，要将影响顾客体验的因素分解到每一个岗位上的每一项功能，然后量化。下面，我举几个例子。

- 配送：及时送货率、配送成功率、破损溢漏丢失率。
- 客服：问题一次解决率、顾客满意度。
- 产品：缺货率、价格指标、产品丰富度。
- 仓库：库存准确率、出库准确率。

有些指标经常还要进一步细分，才能真正找到问题的根源。比如送货晚了，是哪一个环节出问题了呢？这时，需要将相关指标细分为订单处理晚点、支付环节晚点、仓库处理晚点和配送晚点；而仓库晚点又可分为拣货、分拣、包装、出库等各个环节的晚点。

但同时，我们需要注意的是，顾客体验的改善是没有止境的，也不是不计成本的，要针对自己的目标顾客群在确定的商务模式的限制下最大程度地、有效地改善顾客体验。不合理的目标和追求往往会导致商务模式的不可行或企业无法生存。

举几个例子：缺货率的控制直接影响顾客是否能随时购买到需要的商品，过低的缺货率要求会导致库存高、周转慢；若允许每位顾客指定送货时间会大幅增加配送成本，因为配送员不能按既定的优化路线去送货，给晚上九点后才能收货的在郊区居住的顾客送货会增加送货成本，也会带来安全方面的隐患。

我们将公司所有员工的薪资和奖金与顾客体验指标直接挂钩，并启用第三方进行调查和监督，将打造业界最好的顾客体验作为所有员工的追求。公司高管必须定期做“一日客服”，以直接了解顾客的投诉和问题所在。我们还设立了许多BPI（business process improvement，流程改进）项目去改善顾客体验。

未来，电子商务的竞争是顾客体验的竞争。得民心者得天下，得顾客体验者得市场！

有效沟通：让企业的执行力更强

虽然不成功的企业失败的原因各有不同，但成功的企业必须具有强大的执行力。而执行力的强弱在很大程度上取决于团队沟通是否有效和沟通效率如何。沟通的有效性是指团队成员对内容的深刻理解和针对特定的对象准确无误的诠释，而效率则用来衡量沟通的及时性和所耗费的时间。

我有幸服务过两个具有一流执行力的国际企业——戴尔和亚马逊。这两个企业的沟通模式和方法都独具一格，各显神通，在各自的领域树立了标杆。我也从中受益匪浅，并将这两家企业的许多精髓融入和运用到 1 号店的企业文化里。这些方法和工具是社会的财富，在此，我与大家分享一下。

Dell Direct 是戴尔商务模式的根基。其中，Direct（直接）最早是指戴尔商务模式中的直销以及供应链中的直采，采用直销或直采的方式可以消除或缩短不必要的中间环节，节约过程时间和相关成本。Direct 也渐渐演变成戴尔企业文化的一部分，其中 Answer First 就是 Direct 运用在沟通上的范例。

对 Answer First 最直白的诠释就是直截了当的答复，不要绕圈子，也不要解释。比如，朋友问你吃了晚饭没有，你不需要解释说“今天很忙，中饭吃得很晚，还不饿，所以还没有吃”。你的朋友并不关心你没有吃晚饭的原因，只关心你是否吃晚饭了这个事实，也许他想约你一起去吃。所以，Answer First 的答案就是：没吃。

戴尔的会议简短高效，一般要求演讲者准备不超过 6 页的 PPT（演示文稿），开门见山地列出会议要讨论的问题和推荐的解决方案，然后列举其他可供参考的方案和各自的利弊；而支持这个决策的数据和分析，这个问题的重要性和其对企业的影响等辅助资料都要一并放在补充材料里，只有在被人问及时才进行展示和解释。

亚马逊的文化也非常独特，甚至开会时不允许使用 PPT，还要求会议的发起人事先准备一份打印出来不超过6页的材料。这份材料不能有废话，必须清晰地描述问题本身和解决方案，要有大量的图表、数据和分析。会议一开始的5~10分钟内，全场鸦雀无声，大家都在埋头读材料。大家看完后，若无问题则按提议者的建议推动，若有问题则再讨论。

亚马逊这种沟通方式的优点有：第一，对会议发起人的要求非常高，会议发起人必须亲自写材料、准备数据、进行分析，要深思熟虑；第二，材料必须完整，不能像PPT那样由于追求简练而失去细节内容，在多年后仍能明晰其原意并能将其作为决策的依据；第三，材料中的数据和事实必须充分、简洁，以便会议参与者能够进行高效决策。

在优秀企业服务的经历让我深刻理解了沟通的重要性并掌握了一些有效的沟通方法和工具。我的会议一般都控制在30分钟内，最多一天能开10多个会，还不算利用碎片时间通过电话或在走廊上进行的沟通，但还有很大的改善空间。我希望我们的企业和大家一起拒绝平庸，追求一流。

创业团队建设的流程建造

在公司的一次团队建设活动中，有一个议题是讨论流程建造，我提了以下几个要点：流程建造的必要性，如何制定流程，流程的执行和监督，流程的优化。

流程建造是一个企业走向正规化、规模化和可持续健康发展的一个必要步骤。好的流程可以固化有效的工作方法，让员工有规可循、有错可查，缩短新员工的学习时间，大幅弱化常规和重复的工作对个人的依赖，降低员工岗位变化和离职给公司带来的损失。

流程建造需要细化到每一个环节，不需要追求一次全部完善，可以一部分一部分地完善、推动。经过优秀企业实践检验且行之有效的流程都可借鉴，可根据自己企业的情况做调整，无须闭门造车。

有了流程后，还需要进行重复的宣导和培训，让执行者对流程有明晰的理解和一致的诠释。流程的执行要严格，即使流程是错误的，也要按照流程执行，以便发现一致的错误后对流程进行修改，而不是每个人按照自己的理解和自认为是正确的方法去执行，却不清楚错误在何处。除此之外，还要有监督和考核机制，以保证流程执行的严格性。

流程的有效性是动态的，是和企业所处的历史阶段、工作环境、组织架构、商务模式、所使用的管理系统等相关的。企业要定期审核并优化流程，同时，还应鼓励员工去发现和指出流程的不合理之处。不断改善流程的过程也是一个企业不断提高效率和规避风险的过程。

资源有机融合，打造互联网医药健康的生态圈

在过去的几年乃至未来的数年，“互联网 +”都会是热门关键词

之一。大家可能还会听到很多别的关键词，比如人工智能、虚拟现实、大数据、云计算、物联网、工业 4.0 等。但可以断定的是，“互联网 +”始终都是热门关键词之一。

“互联网 + 医药健康”又是其中最具潜力的一个领域。“互联网 + 医药健康”现在仍处在发展起步阶段，很像 2009—2011 年左右的电商。我还清楚地记得 2011 年参加在长沙举办的中国零售协会领袖峰会时，代表电商的只有我和当当网的李国庆。当时，我提出“将来无商不电商”，台下一片哗然，说是不是我在喊“狼来了”。

短短几年后，同样的会在福州举行。在一个论坛上，几位传统零售的领袖说：几年以前，记得于总说“无商不电商”，那个时候觉得他是在喊狼来了，但现在我们不再提狼来了，而是谈论如何与狼共舞、引狼入室，如何真正地充分利用互联网。

医药电商现在处于刚刚起步的阶段，是最后几个正在被互联网攻克的堡垒之一。互联网最早冲击的是图书音像领域，后来是数码、母婴、服装等领域，2008 年开始进入快消品领域，现在是冷链生鲜领域，而互联网在医药领域的应用也就是近几年的事情，这个领域既有政策壁垒又有行业壁垒。

而中国医药领域现在处于什么状态呢？对普通老百姓而言，很多人都是“有病不看”，“有病不看”的比例高达 48.9%。也就是说有近一半的人有病也不愿去医治。为什么？第一，太麻烦；第二，成本太高；第三，感受不好。很多人都有在医院排了半天的队，结果几分钟就被医生打发了的经历。

从国际上来看，中国医疗的排名是非常落后的。在国际卫生组织的绩效排序中，中国在191个国家里的排名是第144位。原因在于中国医疗的效率低，管理不善。

中国医疗更有着众多的痛点。其中，第一个痛点就是——看病难，买药贵。一份关于医疗痛点的调查报告显示："排队时间长"是老百姓对医疗最无奈的一点，经常一去一回，好几个小时甚至大半天时间没有了；检查项目众多，但不清晰也不透明，患者并不知道为什么要进行这些检查；药品非常昂贵，药品的流通环节、层级太多，大部分成本都浪费在物流过程中；患者对医生不放心，经常纠结要不要给医生红包的问题。

我国的药品流通效率非常低。我们发现，我国药品流通的中间环节有五六个。如果药品的生产成本是几毛钱或者几块钱的话，到了市场上，其价格已经是几十元甚至几百元了。

此外，目前国内的治疗体系没有通用的、标准化的、可流通的、可保存的电子病历，也不可以在各个医院之间共享，所以治疗是没有延续性的。

而且，我国医疗的政策壁垒也非常高，主要表现在以下几个方面：第一，处方药线上不可以销售；第二，药监和工商的政策与物流不匹配；第三，医保各自为政，不同城市的医保体系不同，甚至同一个城市的各个城区都有自己的医保体系。例如，大国企有自己的医保，钢铁企业有自己的医保，铁路企业有自己的医保，石油企业也有自己的医保。

当前，医疗健康已是中国大众的刚需。我国已步入老龄化社会。目前，我国60岁以上的老人占全国总人口的比例约为15%；过15年以后，这一比例可能会达到25%；到2050年，这一比例甚至会达到30%，也就是现在的两倍。众所周知，随着年龄的老化，人们势必越来越关注健康问题。

在我国，约有85%的人对健康是关注或者非常关注的，因此，健康与医疗是我国大众的刚需。

然而，与美国相比，我国医疗卫生费用占GDP（国内生产总值）的比例约为5.5%，而美国的这一比例为17.5%。当然，美国的医疗也存在问题，并不能说美国是我们的标杆，美国只是我们的一面镜子。这两个数据反映了两个问题：美国医疗有它自己的问题，也是低效的；医药健康在中国的发展潜力是巨大的。在人均医疗卫生的费用上，中国仅仅是美国的1/24，还有很大的潜力可供发掘。

关于如何提升中国网民的健康水平，艾瑞做了非常详尽的调研。这个报告我看了多次，我认为是非常有效而且有价值的。有多少网民愿意通过互联网获得医疗服务、购药，而不是到医院、到药房去购药？根据调研结果，这一比例接近80%。这个比例是相当高的，当然这里面还有很多细节，比如生病的人中，有的就对一些小病置之不理了，有的就去直接购药了，有的看了病再购药。如果是直接购药，有多大比例的人群在网上购药，有多大比例的人在线下购药？在线下购药的这部分人中，又有多大的比例有网上购药的意愿？通过多项分析，有接近 80% 的人有意愿在网上享受医疗和购药一体化服务。

我们进入这个领域后，感觉其潜力巨大。互联网不仅是一种工具和商业模式，还可以改变这个领域。这个领域也有很多值得我们思考的问题。

第一，移动设备可以使互联网、电商渗透到三四五线城市甚至乡村。大家知道，我国移动设备的发展在全球是最快的，已经远远超过欧美。目前，我国的手机等移动设备的价格越来越低，几百元就能买到移动智能设备。移动设备帮助中国大众随时、随身、随地享受网络服务、进行网上购物。记得在创立 1 号店的时候，我们的使命就是让顾客足不出户享受服务进行购物。现在，我们要改变我们的使命，让大众随时、随身、随地享受服务。

第二，互联网可以增加医疗流通领域的透明度，减少中间环节，提高效率，降低成本。而降低的这些成本可以回馈给大众。

第三，通过大数据和人工智能，我们可以提供非常精准化的营销和个性化的医疗服务。大家知道，在医疗健康领域，大众到网上药店来，如果没有需求的话是不会来逛药店的。这毕竟是买药，不是买衣服，不会随便看看。他们是有真实需求的，要么是寻求健康信息，要么是购药或咨询。

第四，随着可穿戴设备的发展，现在的可穿戴设备越来越小，将来或许可以直接植入人体皮肤，监测所有生命体征。我们就观察过一种来自以色列的可穿戴设备，体积非常小，却可以监测多达十四种生命体征，实时监控人体健康的变化。

无知者无畏。我们可以在这个领域展开充分的想象，可以尽情地发挥。我们希望打造一个“互联网 + 医药健康”的生态圈。既然我们想解决看病难买药贵的问题，那么，我们就要从顾客角度进行分析，顾客无外乎分三类：第一类是患病人群，需要看医就诊；第二类是亚健康人群，希望恢复健康；第三类是健康人群，希望保持健康。

如果需要看医生的话，患者总是希望在最方便的时间、地点，找到最适合的医生。而互联网就可以解决这一问题。比如，患者可以通过网络医院进行视频就诊、电话就诊。哈佛医学院的一个研究报告显示：70% 左右的患者不需要当面见到医生。甚至很多时候，患者不需要直接看到医生，机器人医生就能帮助患者解决。而且在将来，机器人医生甚至比人类医生看得更加准确，给出的解决方案更合理。可以想象，一个医生给你看病，只是基于自己的知识和经验，而机器人医生通过人工智能分析成千上万的病例、综合各方面的数据后给出的答案，可以更准确。

如果健康或者亚健康人群需要健康管理，可以通过互联网及时获得用药提醒、饮食建议、运动提醒等。如果患者被确诊，互联网医院将开具电子处方，电子处方可以传送到网上药店或者线下药房，处方药则通过线下药店配送给患者。如果患者不能被确诊，需要进一步的检查，则可以转诊到合作伙伴的医院。

以上这些可以解决看病难的问题。而要解决买药贵的问题，就必须优化供应链，把整个供应链扁平化，从而降低中间的成本。这个时候，B2B 就变得很重要了。我们的 1 号药城可以帮助我们的网上药店优化供应链，同时帮助线下的药店实现零库存，把药店的库存周转期从三个月降到三个星期，成本大幅下降。

我们希望打造这样一个生态圈：建立网络医院 1 诊后，用户可以通过视频电话就诊，然后通过网上药店 1 药网下订单，由我们众多的线下药店合作伙伴帮我们接收医保和履单处方药，B2B 平台 1 号药城可以为我们大量的线下药店提供供应链管理，药品交易中心可以帮我们实现招投标和 GPO（药品集中采购），从而实现透明、公平、公正的药品交易。

有了这些平台，接下来就是如何实现所有资源的充分优化和共享。B2B 与 B2C 这两种模式不是独立的，而是共享的，包括共享药品上游的品牌商、流通商，共享仓储物流，共享数据，共享系统。

我们拥有大量 C 端（顾客端）的消费大数据，可以向合作药店提供数据产品。比如，有人要在上海张江设立一个药店，通过我们的大数据可以知道哪些商品畅销，消费者价格敏感度如何，商品的关联度如何，在这个药店要放哪些商品，如何制定价格，采用什么样的营销组合方式。这样，这些数据就真正地为决策起到了指导作用。

B 端和 C 端除了在价格管理、客户管理、营销手段方面有所不同外，很多功能都是可以共享的，在订单管理、商品管理、库存管理、仓库管理以及大部分商品搜索上都具有一致性。在搜索上略有不同的是，B端客户作为专业人士通常按照规格、品名，甚至比较复杂的英文名直接搜索，而大众用户则更多地依靠疾病和症状来搜索商品。

我们先把B端、C端融合起来，再考虑怎样把线上、线下进行融合。大家知道，线上、线下各有优势，未来一定是线上与线下达成最优配置，全渠道销售的形式，而不是一种形式取代另外一种形式。

通常来说，线上形式的主要优势有：不受地理限制，一网覆盖全国；不受时间限制，可提供7×24小时全天候服务；不受货架限制，可以无限增加品种品类。除此之外，线上形式还有一个优势就是拥有大数据，可以得到顾客的画像数据和行为数据。通过线上大数据，我们可以知道顾客网上搜索收藏的行为、所有商品的购买周期、购买商品的关联度等。尽管线下形式也有数据，但线下获取数据的颗粒度稍微大一些，而且有些数据在线下很难获取。

但是，线下也有自己的巨大优势：一是即时可得，用户可以直接在药店拿到自己想要购买的药品；二是用户可以进行体验式消费，在体验后再进行购买；三是可以实现用户和店员的互动，甚至可以通过专业人士帮助顾客进行选择；四是可以享受政策利好，现在国家政策对于处方药控制得非常严格，医保也是区域化的，而线下药店可以享受很多政策利好。

如何才能让线上线下充分发挥自己的优势，有机融合起来呢？

一是相互引流，将线上的流量引到线下，实现网订店取；二是共享SKU（库存量单位），比如现在一个店只能销售两三千种商品，但是通过共享，可以迅速将其销售品种无限制地扩展到十几万种；三是线下药店可以帮助线上履行订单和接受医保支付；四是通过互联网医院，可以在每个药店设置视频问诊，顾客看诊后可以当场拿到处方。

作为平台，我们有自营药店也有商家。我们要做的就是将这两部分进行有机融合。自营药店的优势是拥有高效的供应链管理和优质的顾客体验；而商家的优势则是拥有丰富的长尾品种，能覆盖更广的区域和更多的服务。要实现二者的有机融合，其关键就是如何决定哪些品种自营，哪些品种交给商家运营，最后在顾客体验和品种覆盖上达到最优的配置。另外，对商家的管理也是非常重要的。如果商家管理不好将影响我们整个平台的品牌，因为顾客从来不会区分这件商品是商家卖的还是平台自营的。他们认为有了任何问题，不管是质量问题还是服务问题都是平台的问题。所以，如何严格管理商家变得非常重要。

接下来，我们该如何实现“医”与“药”的融合呢？我们可以通过网络医院和线下药房，给顾客提供完整的解决方案来实现。首先，我们要看患者是否被确诊，如果不确诊，可以通过转诊或者会诊来解决，如果一个医生确定不了治疗方案，可以多个医生会诊，比如我们可以请美国医生、新加坡医生一起会诊；然后，用可穿戴设备监控这位患者的健康康复过程，为患者进行健康管理。

最后，如何实现1号药城与药品交易平台的融合。平台的上游是品牌商、工业商业企业，它们之间的交易都是共享的。另外，增值服务，比如金融服务、物流服务、平台交易工具服务、数据服务等，也都是共享的。

将来的供应链应该朝 C2B（客户到企业）的方向发展。我们可以把分析获取的顾客需求数据提供给生产商、品牌商，给它们提供决策依据。这些数据包括应该生产什么样的药品，用什么样的规格，采用什么样的包装，等等。这个不是上游直接推动，而是下游拉动。

以上是我们希望实现的五个融合。融合之后，我们希望达到什么目标呢？第一，为大众顾客提供完整的就医买药的解决方案，提升顾客体验；第二，通过自营与商城的融合让品种更加丰富；第三，提升效率，实现供应链 C 端跟 B 端批零一体的库存管理，提升仓库运营效率；第四，使组织架构更加合理，比如让 IT 团队按购物车、搜索、支付等划分功能团队，而不再按 B 端和 C 端进行划分；第五，让所有效率提升转换成顾客体验的提升，从而形成一个良性循环，高效地打造我们的生态圈。

希望在这绝好的历史时期，我们能够一起用互联网的模式和思维方式真正地改变中国大众“看病难，买药贵”的现状。

他山之石：戴尔的供应链管理

究竟是什么让迈克尔·戴尔在一个大学生宿舍、从 1 000 美元起家，创办了戴尔公司，并使其迅速成为《财富》杂志世界25强中最年轻的公司，创造出500多亿美元的年营业额？又是什么让戴尔的平均库存周转期由70多天降到远低于竞争对手的4天，从而大大提高了戴尔的现金周转率？想象一下，如果没有戴尔，PC（个人电脑）行业的商业模式会变成什么样？虽然戴尔的成功有多种因素，包括管理层的远见和领导力、互联网的出现等，但最关键的还是戴尔赖以生存的朴素的商业理念——直接模型、卓越的供应链管理和强大的执行力。这些重塑了20世纪的PC产业。

戴尔的直接模型包括直销和直购。这种模型能让戴尔避开一切中间环节，并节省由这些环节导致的不必要的时间和成本，从而获取超过行业平均水平的高毛利润率。直销将戴尔与顾客紧密相连，顾客的需求成为戴尔的第一手资料，市场的变化由戴尔直接把脉，直接为顾客服务增强了戴尔与顾客的亲和力和顾客对戴尔的忠诚度，戴尔承担所有产品的质量和服务责任使顾客对戴尔充满信心，同时也使戴尔的品牌更响亮。直购使戴尔与其供应商结为密切商业合作伙伴，共建集成的管理系统、流程、质量改进方案、市场预测和各种管理指标，整个供应链成本的降低使戴尔与其供应商实现了双赢。总之，“直接”成了戴尔的基因，植根于戴尔的企业文化中。戴尔的组织结构扁平，沟通直接，对问题的提出和解决也提倡不绕弯、开门见山。这种简洁和鲜明的文化促使戴尔提高了效率，减少了官僚主义，刺激了企业的活力和创造力。

在直接模型的架构上，戴尔搭建了高效率的供应链。戴尔将许多先进的供应链管理理念有机地运用到其运营中，并将其发挥到极致。在此过程中，戴尔也大胆创新，引入新的理念和实践。那么，戴尔实施了哪些先进的供应链管理理念呢？下面，我举几个例子。

戴尔直销的产品是按单定制（configure to order，CTO）的，以满足顾客的个性化需求。由于每台计算机的每个元器件全按客户需求特制既不经济也不实际，而且顾客的个性化需求可归类反映在几种关键配件上，如CPU（中央处理器）、内存、光驱等，因此戴尔的生产采用批量定制（mass customization）的方式。批量定制既利用了批量生产的规模效益以降低成本，又利用了定制生产的优势以满足顾客的独特需求。为了实施批量定制，戴尔运用了推迟分类的概念，即由原设备生产商（OEM）批量生产出通用的半成品，然后运到戴尔的工厂按顾客的订单组装关键配件，最后下载顾客的特需软件并运到顾客手中。整个过程是推动和拉动的结合：戴尔的按单定制是顾客的直接拉动，而原设备生产商则是根据戴尔的预测进行推动。推动节省了时间，而拉动则满足了顾客的独特需求并降低了库存。找到最优的推拉切换点并进行推拉结合可以使整个供应链高效率地满足市场个性化的需求。

为了进一步缩短时间以高速度响应顾客的需求，戴尔在其工厂周边建了供应物流中心（supplier logistics center，SLC），并由供应商管理库存（vendor managed inventory，VMI）。戴尔下单后，这些库存可在两小时内送到戴尔的生产线上。戴尔有多个生产基地，每个生产基地每天对库存的需求量都是动态的。而原设备生产商和元器件供应商多数都在亚洲，空运太昂贵，海运到美国和欧洲所需的周期又很长，通常为4~5周。为避免某个生产基地缺货而其他生产基地有剩余的情况，戴尔建有枢纽库房（hub）。这些枢纽库房起到了风险中和（risk pooling）的作用，从而降低了总的安全库存，平衡了各生产基地的需求。

在物流方面，戴尔建立了空运和海运的VMI物流网络。虽然戴尔不拥有库存，但直接管理和控制这些网络。这样做的优势在于，戴尔可以整合所有供应商的运输量和航线，凭借其巨大的量和稳定的需求与运输商结为伙伴，以得到全球标准化的合约和流程，以及速度最快、成本最低、柔性最大的优质服务。同时，由于戴尔直接控制这些网络，因此，对戴尔而言，物流全过程是透明的。戴尔清楚地知道可以在何时、何地，以何量对货物进行随时的动态调度，以将货物运到最需要的地方，从而保持供应的连续性。

戴尔供应链管理的一个重要部分是管理供应商，不仅包括一级供应商，也包括下一级的供应商。戴尔严格采用平衡计分卡对供应商在质量、成本、技术、供应连续性和服务各方面进行周期性地考核和控制，并奖励优秀供应商，淘汰劣质供应商，并以“授之以鱼莫若授之以渔”的策略帮助供应商建立管理体制、质量控制流程、考核指标等，以提高其能力使其能够更好地管理下一级供应商。戴尔的供应商都在持续和稳步地向 6σ[①] 迈进。

戴尔还尝试多个子供应链同时并存的概念，即在现有的供应链基础上，让 OEM 直接为戴尔按单生产整机，并将整机送到戴尔的枢纽库房或直接送到顾客手中。这个模式减少了戴尔与设计、生产和物流过程的触点，从而降低了戴尔的成本，加快了其生产速度。该模式适用于低端和个性化程度低的产品。但对戴尔而言，如何将此供应链与现有的供应链进行有机整合是一个挑战。

供应链管理是 20 世纪 80 年代才提出的概念，近来在理论上有许多突破，但在运用上尚有更大的空间。戴尔的大胆实践虽然结了一些硕果，但仍须更上层楼。尤其是在信息高度发达的今天，若企业能将实时、大量、多方位的信息，高速的计算方法，贴切的优化模型和先进的系统结合起来运用于供应链管理中，将前途无量。

---

① 6σ 是一种改善企业质量流程管理的技术，以“零缺陷”的完美商业追求，劳动质量成本的大幅度降低，最终实现财务成效的提升与企业竞争力的突破。——编者注

| 第三章 |

创业的思考——

反思和不断提升自我才能迈向成功

电子商务纵横谈

电子商务就像一湖清澈透底的水，看起来很浅，实际上很深。水性欠佳者不知深浅就跳下去，很容易被淹死。与传统零售相比，电子商务可以称得上是完全不同的业态，在人才结构、商品展示、供应链架构、营销手段等方面都有质的差别。

用传统方法去推广电子商务，往往会事与愿违。我们尝试过目录、海报、平面媒体广告、报纸／杂志／账单夹带等，其效果都达不到预期，很难将顾客引到网上来，不能真正发挥电子商务的优势：无穷货架里的海量商品，7 × 24 的服务。

电子商务可采用的营销方法有很多种。比如 SEO ／ SEM、网站联盟、事件营销、BD（business development，主要是与其他线上线下商家合作）、与门户网站／社区网站／游戏网站的合作、网络广告、EDM（电子邮件营销），等等。EDM 对注册顾客的激活和老顾客的唤醒还是很有效的，尤其对老顾客而言，是一种很好的个性化的营销工具。

电子商务有太多可创新的方面，光各种可组合的商务模式就达上百种。比如，买断库存（own inventory）、寄售（consignment inventory）、聚单（transshipment）、转单（dropship），等等。

配送的方式也有多种，如自配送、到供应商处取货配送、外包给三方物流配送、由供应商直接配送、由顾客到自提点取货，等等。

顾客的类型也可分为大众消费者（consumers）、团购群体（group customers）、企业顾客（enterprise customers）等。针对不同顾客，要有不同特性的产品、不同的营销方法、不同的售前售后服务。

电子商务企业的目标顾客群首先是网民，最好是网购人群。因为培育非网民到电商网站购物对电商企业而言太辛苦，得不偿失。由于电子商务的特性，口碑传播是非常好的推广方法。但“水能载舟，亦能覆舟”，好的顾客体验能口口相传，不好的也能秒传千里。

好的客户体验是电子商务成功的基础。它是一个综合的衡量指标，包括丰富的商品种类、有质量保证的商品、实惠的价格、及时的送货、方便的付款方式、优良的服务、简单易操作的购物流程，等等。

提升客户体验没有捷径，只能一点一滴地去把每件事做好。我们要将顾客每天从各个渠道提出的问题当天解决，几年如一日。我的原则是：顾客总是对的；如果顾客有问题，请回到第一点。因为绝大多数顾客都是理性的。

下面，我再谈电子商务成功的几个重要因素。我先列出几个最重要且永恒不变的：品种，质量，价格，可得性，是否方便获取。这个顺序很重要，具有普遍意义。虽然可找出个别例子来说明这个顺序的不合理性，但那些都不是主流。

这里讲的永恒不变是相对的，是建立在我们所接受的经济学公理之上，且基于我们所看到和预期的社会进化过程的。比如，如果所有其他的因素都不变，很难想象 100 年后同样一件商品是越贵越好，质量越差越好，获得这件商品的过程越麻烦越好。当然，总有特例如吉芬商品[①]，不在讨论之内。

对电商而言，最重要的首先是品种。因为如果没有顾客所要的商品，顾客不会来，不管你的商品如何物美价廉。即使顾客被你新奇的广告吸引来了，看后发现没有他想要的商品，也会马上离开。也就是说，电商必须有目标客户所需要的商品品种。举个例子来说明：如果你推销给我一本法文小说，精装本，质量一流，装帧精美，价格也便宜，可我不会法文，买回家只能垫箱底，所以我没兴趣。

有了顾客想要的东西，下面就是商品质量了。电子商务是虚拟购物，顾客看不见、摸不着商品实物，要对商家有足够的信赖才可能下单。顾客首次下单要么是通过朋友或网络评论的口碑，要么是看到某

① 吉芬商品就是在其他因素不变的情况下，当价格上升时，需求量增加，价格下降时，需求量减少的商品。——编者注

种形式的广告觉得商家有实力，要么是买少量商品尝试一下。如果首单的体验不好，尤其是商品有质量问题时，该顾客就流失了，而且还会影响该顾客周围的一批现有和潜在顾客。好的售后服务可能有所弥补，但还是应该将质量问题控制在源头。

价格总是重要的，而且在任何时候、对任何人都重要。即使是盖茨，他也会觉得雅虎太贵而决定不收购；巴菲特也会等待股票价格合适时才进入。不会有顾客觉得：这个商品太好了，要是价格再贵一点就更好了。对电子商务而言，价格尤其重要。这主要有三个原因：一是电子商务去掉了店面和一些中间环节，节省了成本，顾客可以理直气壮地期许价格的优惠；二是在互联网比价，比“逛店”比价更容易；三是作为一个新型业态，在顾客还未真正体验到其方便性时，价格成为更重要的选择因素。

可得性是指顾客何时可以得到所要的商品。今天到手总是比明天才能到手要好，这也是实体店的优势。但也不排除对于一些个性化的商品和奢侈品，商家有意拖长供货期，以提高顾客所感知的商品价值。亚马逊的 Fast Track（快车道）收不菲的费用，也体现了顾客尽早收货的价值。

方便性是指电商是否能在顾客方便、喜欢、习惯的时间、地点，以顾客习惯的付款方式送货。比如，有些顾客希望晚上在家时收货，有些顾客希望早上上班前收货，还有些顾客由于很难保证自己何时在家而愿意到指定点取货；有些顾客希望刷卡付款，有些顾客喜欢付现金，等等。方便性还指购物流程是否简单易懂，让顾客不易出错，系统界面是否友好。比如，1号店在顾客的“我的1号店”账户里保留了顾客以前的购物记录，顾客每次购物时可调出，审阅后加减部分商品或改一改量即可下单。

作为一个新型业态，电子商务在很多方面都可以进行创新。尽管有一部分创新是原始创新，但更多的创新是将已有的传统商务模式移植到电子商务中，并充分利用电子商务的特性和优势。现在，有一部分当时的创新已成为普遍的模式。下面，我介绍几个我喜欢的创新模式。

按需印刷在传统印刷业也有应用，亚马逊大约是在2006年将其引入电子商务的。它从很多出版商那里买版权，尤其是那些停版的长尾书籍的版权，收到顾客订单后才去印刷。它还将不同书或杂志上的文章按顾客需求进行汇总，然后印刷成书。

WebMD（一家美国医疗健康服务网站）推出怀孕每周信息的咨询服务。只要孕妇填写怀孕的日期，WebMD会每周通过电子邮件发去这一周婴儿的成长信息、母亲的身体变化、饮食的健康建议、常见的问题、相关医院的信息、需注意的事项和应急的措施，等等，非常温馨、贴心。比如，我太太怀孕25周时，它会发给我们：

恭喜了米歇尔！你怀孕25周了。你正在发育的宝宝现在身长约 8.8 英寸（22.4 厘米），重约 1.5 磅（0.68 千克）。皮肤现在已经变得不再透明了。宝宝的心跳可以通过听诊器听到了，也可以根据婴儿的位置，由别人把耳朵贴在你的肚皮上听到。

zappos（一家美国卖鞋的 B2C 网站）的主要产品是鞋。为了避免顾客从其网站购买鞋子后因穿着不合适而退货，该公司会配送三双相近尺码的鞋供顾客选择，并让配送员将顾客不要的鞋带回。顾客体验非常好，而且很多顾客会留下不止一双鞋。

新人结婚时，为了避免亲朋好友送重复的礼物，或送新人不想要的礼物，美国许多著名商店都推出 wedding wish list（礼物需求清单），由新郎新娘提供一个购物清单，再由有送礼意愿的亲朋好友们认购。亚马逊很早就推出了电子商务版的“礼物需求清单”，用电脑功能自动避免重复认购。

Gilt.com（一家美国的闪购网站）是一家会员专享的销售时尚高档服装的电子商务公司。要成为其会员必须要有其他会员的介绍，从而让会员有尊贵感。它的创新点是每一天会将一个品牌的服装打深度折扣，并提前预告给会员。

传统零售与电商的差异

十几年前，我在美国商学院任教时，学院的杂志让教授们预测一下将来20年科技发展的趋势。我写道："将来，电脑将无处不在！电脑也许会像手表一样戴在手腕上，也许会被装在眼镜上，也许会被植入皮肤里。驱动方式可以是语音，甚至可以是人的思维。"如果让我对电子商务做一个预测，我会说："未来，电子商务将会无处不在！绝大多数零售企业都会以某种方式介入电子商务——可能自己做，可能在别的平台上做，可能由代运营商做，也可能用部分自有的能力加上专业电商提供的能力来完成。"

虽然电子商务是零售这个大定义下的一个分支，但与传统的线下零售有着众多不同，有些差异甚至是本质上的。如果电商对这些差异没有深刻的理解，会误入歧途。我们在刚创建1号店时就犯了一个错误——用线下零售常用的目录和海报的形式进行网站营销。我们发现，这种营销方式的转换率极低，顾客仅用电话购买海报上的几款劲爆商品，对我们网站上的数千个商品不闻不问。而且目录和海报无法展示库存和价格的实时信息，不是电子商务的做法。意识到这一点后，我们立即停止了这种营销方式，慢慢探索出了正确的电商营销之道。

我认为，电子商务和传统零售主要存在以下几个方面的差异。

1. 物理特征

传统零售有实体店铺，可以展示实物商品。但每个店铺由于受空间限制，仅能容纳有限货架，只能销售有限品类和品种。受物理距离和交通限制，每个店铺仅能覆盖周边有限半径的范围。店铺一般有营业时间限制，实行 7×24 小时服务的营业成本太高，其主要成本有店铺租金、物业及店内运营人员成本等。

电子商务是虚拟店铺，商品通过图片和文字进行展示。由于采用送货上门的方式，配送能力决定了其覆盖半径，理论上可以实现一网覆盖全国，乃至全球。电子商务有无穷货架，若系统具有可扩性，增添商品和顾客群时只需增加服务器、信息储存容量和带宽即可，因此还可销售长尾商品，管理好库存即可。新品、高价值商品和难以预测销售的商品可以通过寄售、聚单和转单来完成。订单由系统进行自动化处理，可以实行 7×24 服务而无须增加额外成本。虽然电子商务没有和物理店面相关的租金和人员成本，但有包装材料和配送成本。

2. 商品展示与搜寻

传统零售按照顾客逛店时的购物习惯摆放商品，将销量大、品牌知名度高的商品及促销商品摆放在显眼位置或顾客容易拿到的货架上。为了促进销售，商家往往把顾客来店必须购买的商品（比如生鲜类商品）放在最深的地方，让顾客在找寻途中看到其他的商品从而产生冲动性购买。

电子商务的商品展示主要通过图片和文字等进行，顾客在网站寻找商品主要靠搜索关键字、类别、价格区间、功能等。利用丰富的信息，网站可以给顾客提供多种购物决策信息：热销产品排行榜，多角度商品展示图片，多种排序方式（价格、库存、热销），个性化推荐，清晰的类别划分和展示，相关产品推荐，商品比价功能，组合商品等。

3. 市场手段 / 营销策略

传统零售的推广手段主要是 DM（直接邮寄广告）和广告（户外、报纸、电视等）。店内营销可利用场所环境及声、光、味等效果刺激顾客购买，也可通过销售人员与顾客面对面地交流推介产品。

电子商务的营销方式有 SEO/SEM、EDM、网盟、门户网站广告，与社交、游戏、支付网站的合作引流等。电商拥有大量的顾客搜索、收藏、购买、历史订单的商品关联度等数据和信息，可进行精准营销；还可利用 landing page（引导页）、链接、用户评论、打分系统等方式，方便地为顾客提供知识性、经验性、权威性的相关内容。

4. 供应链架构和管理

传统零售多用立体库，商品一般不用拆零，仅需成箱或成托地进出货物。库存为仓库和店铺多层次管理，配送由 DC（物流仓库）到 RDC（区域仓库），再到门店，中间或许经过一次转运。仓库内货物的摆放主要考虑商品的畅销度和上下架效率。

电商的仓库以平面库为主，商品成箱入库后需要拆零，根据顾客的订单拣货（为提高效率会按波次和拣货密度设计波次和路径），最后进行合单和包装。库存管理只需考虑仓库内拣货区和存储区的库存。对电商而言，最后一公里的配送效率非常重要。仓库内货物的摆放主要考虑商品的畅销度和顾客购买商品的关联性。

5. 人才结构

对传统零售而言，有丰富零售经验的人才很重要。同时，传统零售也需要资深的采购和店内运营人员。

电子商务则需要大量的 IT 和分析人才，包括商业分析师、系统开发工程师、商务智能分析师、系统优化分析师等。对电商而言，懂得网络营销的人才非常重要。由于供应链中多了拣货、分拣、包装和配送的环节，因此电商还需要仓储和配送人员。

虽然电子商务占社会总零售的份额在不断地扩大，但将来这两种业态一定是共存和互补的，从而为顾客提供多种选择，因为二者各有其独特的优势：传统零售有实物商品体验性，商品立即可得性，可以刺激冲动性购买，店员近距离服务等优势；电子商务有成本低，可以利用海量顾客信息实现精准营销，可以利用口碑营销提高传播速度、扩大传播广度，不受地域、时间和货架空间的限制等优势。二者只要各自扬长避短，都会拥有自己的一片天空。

电商的规模化、本地化和个性化

我曾在《电子商务纵横谈》《电子商务规模化的核心》《电子商务

里的供应链管理》等多篇文章中，从不同角度阐述了电子商务的内在优势和劣势。

电子商务的优势主要有：

（1）不受空间限制，可以一站覆盖全国乃至全球；

（2）不受时间限制，可以实现 7×24 服务；

（3）不受货架限制，理论上可提供无限种类的商品和服务；

（4）易搜索，易比较，易关联，内容展示丰富；

（5）易采集数据和分析顾客行为，可以进行精准营销和个性化服务。

电子商务的劣势主要有：

（1）商品虚拟展示，顾客无法接触实物，不能直接进行购买前体验；

（2）配送需要时间，商品不是立即可得；

（3）有额外的包装和配送成本；

（4）失去与家人或朋友一起逛店，讨价还价的乐趣。

在这里，我谈谈对电子商务规模化、本地化和个性化的一些思考和观点。

规模化。这里的规模化涵盖了地域和商品／服务丰富度的扩展。我认为，规模化是一个优秀的电商企业生存和发展的必经之路。规模化和电子商务的内在优势相关，也和电子商务的成本结构相关。主要理由有如下几点。

（1）电子商务有不受空间、时间和货架限制的优势，但只有实现规模化后才能充分发挥这些优势。

（2）如果一个电商不实行规模化，那么规模化的企业就会进入电子商务领域与其竞争，将其边缘化，使其被吞并，甚至被淘汰。

（3）电子商务早期的基础投入很大，主要在系统开发、物流设施设备的租赁和购买、顾客获取及品牌推广上，没达到临界规模前很难实现盈利。

（4）零售无论是在线上还是线下，都是以量取胜，有量才有谈判筹码，才有价格优势。

本地化。零售是一个本地化需求非常强的行业，不同地区的顾客口味和时尚观点不一、自然环境和气候不一、不同品牌的渗透率和认知度不一等，都导致了不同商品在各地的被接受程度不一。我认为本地化对电子商务而言是非常重要的，有本地化内涵的网站会更快被当地顾客所认可和推崇，营销的转换率也会提升。但本地化对电商有很大的挑战，主要表现在以下几方面。

（1）网站如何本地化地展示各地顾客感兴趣的商品。

（2）如何进行本地化的采购和本地化的营销。

（3）商品在各个仓库间如何配置。

（4）组织架构如何搭建才能既保持全国化的高效又具有本地化的功能。

个性化。这里的个性化表现在两个方面：一是顾客可以自己组合甚至要求制作自己特殊需求的产品（例如印有自己名字的纪念品，按自己提供的设计所制作的服装等）；二是可以根据顾客过去的购买、搜索、收藏和购买商品的关联度等记录进行数据挖掘，为顾客提供个性化的商品和服务推荐。个性化是电子商务的趋势，主要基于以下几个原因。

（1）个性化需求是人性本质的体现，并随着经济的发展和大众购买力的提高而渐渐凸显。

（2）电子商务所用的科技手段和工具非常适合按顾客的需要定制，尤其是批量定制，可以用零库存、模块化、信息化、自动化的理念提高效率，降低制作成本。

（3）电子商务可以实现实时和海量的数据采集和追踪，并可利用多种商业智能工具和优化建模将这些数据转换为有价值的信息和决策依据，比如根据顾客的行为模型为顾客精准推荐商品，定期提醒顾客购买周期性消费的商品等。

总的来说，对电子商务而言：规模化是关键，直接关系到电商的生死存亡和发展；本地化很重要，能帮助电商更快地拓展和被顾客接受；个性化是趋势，在将来是区分优秀和一般电商的分水岭。

大数据时代的电子商务

因特尔公司的创始人之一戈登·摩尔在1965年发现了一个惊人

的趋势，即集成电路芯片上所集成的电路的数目每隔 18 个月就翻一番。该发现被业界誉为“摩尔定律”。后来，这一定律也被表述为：微处理器的性能每隔 18 个月提高一倍，或其价格每隔 18 个月下降一半，或用同等价钱能买到的电脑的性能（速度和储存量）每隔 18 个月翻一番，等等。

40 多年在沧海桑田的人类历史上仅仅是弹指一挥间，而摩尔定律却见证了电脑的数据处理和储存能力从 K（kilobyte，千字节）到 M（megabyte，兆字节），到 G（gigabyte，十亿字节），再到 T（terabyte，兆兆字节）的变迁。尤其是互联网的出现，让我们急速跨入了大数据时代。其主要驱动力有以下几点。

（1）随着社会经济的发展和个人收入的增加，人们的个性化需求开始凸显。而企业要想高效地满足这些个性化需求则需要大量的数据支持。

（2）互联网的出现和相关技术的发展让海量数据的收集和分析成为可能。互联网的特征又导致这些数据能够被高速度和大容量地传播。

（3）互联网引入了用户产生数据的模式。这种模式的特征是多源头，低成本，更及时。当然，这些数据的真实性和可靠性需要验证。

（4）和传统零售相比，构建在互联网基础上的电子商务的优势之一就是具备数据的可获得性。电子商务可以实时得到顾客的来访源头，在网站内的搜索、收藏、购买行为，以及购买的商品间的关联性等数据。这些数据可以帮助企业更精准地为顾客服务。

（5）人工智能、信息系统和决策科学的发展促进了多种分析方法及工具的使用，包括数据挖掘、顾客行为模型、决策支持等。

数据本来是原始和零散的，经过过滤和组织后成为信息；相关联的信息经过整合和有效的呈现则成为知识；能够深层领悟知识，进而理解事物的本质，并举一反三的能力称为智慧。所以，数据是源头，是决策和价值创造的基石。

数据的应用大致分以下几个步骤：采集、核实与过滤，在数据仓库内分类和储存，挖掘数据以找到其隐含的规律和数据间的关联，建立模型并进行参数调整，应用开发和决策支持。下面用几个实例进行说明。

（1）美国医药网站 WebMD 根据怀孕的女性用户填写的受孕信息定期给用户发送 EDM，以向孕妇介绍在该时间点的注意事项、需要摄入的营养、产前的生理变化和要做好的思想准备、产后的恢复、宝宝的育养和健康等知识。

（2）1 号店利用对大数据的分析给顾客发送个性化的 EDM。若顾客曾经在 1 号店网站上查看过一个商品而没有购买，则有几种可能：缺货，价格不合适，不是想要的品牌或商品，只是看看。针对以上几种可能，1 号店的做法是：若在顾客查看时该商品缺货，则到货时立即通知顾客；若当时有货而顾客没有买，则很有可能是因为该商品价格较高，在该商品降价促销时通知顾客；在引入和顾客所查看的商品类似或相关联的商品时，温馨地告知顾客。另外，通过挖掘顾客的周期性购买习惯，1 号店会在临近顾客的购买周期时适时地提醒顾客。

（3）淘宝在 2012 年推出了“淘宝时光机”。该应用通过分析顾客自注册为用户以来的行为，用幽默生动的语言告知顾客淘宝的成长、和该用户喜好类似的其他用户的统计行为、对该顾客喜好的了解和对其行为的预测等，用生动的文稿和个性化的数据拉近了与顾客的距离。

（4）谷歌的 Adsense（由谷歌公司推出的针对网站主的一个互联网广告服务）对顾客的搜索过程和顾客对各网站的关注度进行数据挖掘，并在其联盟内的网站追踪顾客的去向，在联盟网站上推出和顾客潜在兴趣相匹配的广告，以实现精准营销，提高转化率。

（5）亚马逊推出 FDFC（forward deployed fulfillment center，前置履单中心）的概念，以加快自身的配送速度。亚马逊的订单履行中心分两个层级：FC 和 FDFC。其中，FC 的品种更齐全，而 FDFC 在物理位置上更靠近目标市场，但其品种重点针对目标市场的热销商品，可以满足顾客的大部分需求，不能满足顾客需求的，如长尾商品则由 FC 来满足。这样，顾客急需的商品多数可以通过 FDFC，由快捷和低成本的物流来完成。由于热销商品是随着时间和季节而变化的，因此将什么商品储存在 FDFC 的决策是动态调整的，而决策的依据就是对顾客需求的分析和预测。

这样的例子很多，难以穷举。但大数据的发展趋势十分清楚：大数据的应用价值和潜力不再被人低估。但并不是所有企业都能在大数据这个金矿里真正挖到金子的。只有那些有远见、有视野、重视系统、舍得投入、吸引了优秀的分析和系统人才的企业才会有所斩获。

电子商务的供应链管理

电子商务与传统零售在供应链管理上的不同主要是由于电子商务的特征造成的：无实体店铺（一网覆盖全国乃至全球），无限货架（瓶颈仅在于服务器和仓库的容量），订单自动处理（24 小时服务），虚拟购物（送货上门或在指定处取货）。这些特征对电商的供应链又有怎样的制约和要求呢？

电子商务正在从时尚化向生活化转移，成为一个零售业不可忽视的渠道，也成为现代生活不可缺少的一部分，而电子商务的成功之道就在于其后台的供应链管理。

在这里，我和大家分享一下电子商务的供应链管理。我把重点放在供应链的集成、供应链网络架构和供应链的实时控制上，希望不要涉及太多技术细节和专业词汇，而是用通俗易懂的语言和例子来描述。

1. 供应链基础

电子商务和传统零售的供应链管理有许多不同点，但也有许多相同点。其中，相同点有两点：一是其供应链都是由厂商、经销商/批发商、运输、库房、零售商、顾客、商品等组成，只不过电商的零售商是通过互联网渠道销售的；二是两者供应链的管理都是对物流、资金流和信息流的管理。

下面，我介绍一些和供应链相关的概念。

物流可细分为入物流（inbound logistics）和出物流（outbound logistics）。其中，前者指的是从供应商处采购和运输入库的商品和过程，后者指的是顾客下单后由仓库配送到顾客手中的商品和过程。物流是顺向流动，即从厂商到经销商，到零售商，再到顾客的流动；也有逆向物流，即顾客向零售商，零售商向经销商，经销商向厂商退货的流动。

资金流是指顾客购买商品所付资金的流动，一般是逆向流动，即顾客向零售商付款，零售商向经销商付款，经销商向厂商付款，等等。付款的方式可以有多种，比如1号店就支持货到付现金、信用卡、借记卡、银行转账、第三方支付（支付宝、财富通等）、返利账户支付、邮局汇款等多种支付方式。

信息流的流动方向有逆向和顺向两种，其中：逆向流动的主要是需求信息（商品询问、购买、预订、个性化需求、对市场的预测、对上游供应商的反馈和考核等信息），需求信息以订单、报告及其他形式由供应链下游向上游流动；顺向流动的主要是给下游客户的答复、询问、送货等信息。

供应链的实时控制指的是全供应链的信息透明化，实时和动态决定商品价格、采购来源和数量，指定仓库按顾客订单发货，分派物流商进行最后一公里配送。

库存管理需要对市场有准确的预测。而对某种产品在市场上的销售情况进行预测时，主要考虑该商品的以下因素：历史销售数据，价格弹性，促销力度，季节销售情况，竞争对手的价格和促销情况，替代品的价格和促销情况等。

只有对资金流进行有效管理，才会有健康的现金流。对企业而言，现金流是头等重要的。我在美国创办的公司的投资 VC 合伙人曾对我说“Cashflow is the mother of all businesses”（现金流是所有企业之母）。一开始，我并不理解这句话的含义。等现金短缺时，我才真正理解其含义。电子商务一定要把现金流做成正的，即“付款周期 – 收款周期 – 库存周转 > 0”。

第三方物流的时效性在中国确实是个问题。在美国，有像 UPS（联合包裹速递服务公司）、Fedex（美国联邦快递）、DHL（敦豪航空货运公司）等优秀的物流商，这个问题就小得多。对于这个问题，1 号店是靠精细的 KPI 管理、定期的商业回顾和严格的奖惩措施来管理。

2. 电商特性影响下的供应链管理

电子商务的特性对供应链的影响有哪些呢？这要和传统零售对比

来看。

传统零售有实体店铺，展示商品靠实体货架，商品在货架上摆放的位置根据顾客寻找商品的习惯和营销价值而定，一般以单位货架面积对营业额和利润的最大贡献度为目标。

电子商务用图片和文字的形式把商品展示在网站上的虚拟店铺里，并根据商品的价格、是否为新品、库存或其他属性对同类商品进行排序。顾客可输入商品名称、品牌或品类进行搜索，搜索结果的排序可根据营销策略而定。比如，希望突出商品的价格优势可将促销力度大的商品排前，想推动新品则可将新品排前，想增大销量则可将畅销品排前。

实体卖场把拣货的任务转给顾客。对实体卖场而言，效率不重要，它们更希望顾客在卖场里逗留的时间长一些，所以将满足顾客刚性需求的商品（例如鸡蛋、牛奶等）放在靠里的位置，让顾客在“逛”的过程中产生冲动购买，在付款处还放一些零星便利商品（例如口香糖、报纸、杂志等），让顾客最后付款前还可加进购物车。

电子商务的拣货是商家自己做，所以主要追求效率。仓库一般是平面库，货位上的商品以销售的最小单位存放，而不是传统零售常用的立体库并按箱或托盘存放。货位的优化对电商很重要，直接影响拣货的效率。传统零售仓库内的单次拣货量大，种类少，不存在效率问题；而电子商务的单次拣货按波次，拣货量小，种类多。

电子商务的库位一般根据商品的关联度和畅销度来决定，一般有个快速周转区，离包装区很近，以便快速拣货。关联度越大（顾客在同一订单里同时购买两个商品的概率越大）的商品则放得越近，拣完一个马上可以拣另一个。所以，电商库位优化的依据是拣货密度。

货品可按预先计算好配置的库位上架，也可动态地随机摆放。虽然后者库位的利用率要比前者高很多，但需要 RF（射频）技术支持，实时定位。随机摆放的另一个好处就是可以在上架现场根据实物商品的尺寸扩大或缩小库位，提高货架使用率。

根据每个订单的商品数量的多少不同，拣货的方法效率差异很大。比如：1 号店的每个订单平均有 16.7 件商品，若每个订单单独拣货则会浪费很多时间，把多个类似的订单聚起来跑波次一起拣，然后再拆分，效率会高；但若每个订单只有一两件商品，聚后再分则会降低效率。一般而言，电商采用的方法是两者的结合。

3. 供应链网络的架构和优化

电子商务的供应链网络主要有供应商的 DC（分配中心），电子商务企业的 FC（履单中心），配送商的分拣中心，配送商的配送站，顾客收货点。若企业自己进行配送，则可在仓库里直接分拣后送到自己的配送站，进行最后一公里配送。

供应链网络就是将这些元素有机地连接在一起，完成商品的物流过程。而供应链优化则是让这个网络能高效率、低成本地运作，把顾客要求的商品按顾客要求的时间、地点、数量送到顾客手中。常有人讲“电子商务就是搬箱子”，可这“搬箱子”的学问不亚于任何设计和生产产品的学问。

在考虑电子商务供应链网络架构设计时，最重要的几点是：（1）FC选址；（2）FC容量和吞吐量的设计；（3）商品在各FC的分布；（4）FC间的关系和商品在FC间的调拨；（5）若自己配送，还要考虑配送站点的选址。

在进行FC选址时，主要考虑的因素有：（1）在承诺的配送时间内可覆盖的顾客范围；（2）仓库租赁成本；（3）当地劳动力的可获得性和成本；（4）内向物流（从供应商的DC到电子商务企业的FC）成本；（5）外向物流（从FC到配送商的分拣中心）成本；（6）若自己配送，还要考虑从FC到周围重点城市的物流时间和成本。

在进行FC容量和吞吐量设计时，主要考虑的因素有：（1）所覆盖顾客群的数量和预期的购买频次；（2）现有的日单量和计划的增长；（3）某FC和其他FC的关系，例如是否为平行仓、母子仓等；（4）储存商品的类别和SKU；（5）商品有无特殊的仓储和物流需求。

将商品在各FC分布时，主要考虑的因素有：（1）顾客对商品需求的地域性；（2）提供各种商品的供应商DC的地域性；（3）各FC的仓储成本和商品的物流成本；（4）商品间的关联度。

在建立FC间的关系和在FC间调拨商品时，主要考虑的因素有：（1）哪些仓库为主仓，哪些为辅仓，还是各仓平行；（2）对不在本仓库覆盖区域的顾客所需的商品是直接配送还是调拨到覆盖该顾客的仓库后配送；（3）应主动调拨哪些商品，被动调拨哪些商品，商品满足什么条件时才能被调拨；（4）对于需调拨的商品，应对顾客如何承诺。

给配送站点选址时，主要考虑的因素有：（1）站点的租金成本；（2）站点的覆盖范围和单量；（3）商品安全和社区的限制。

电子商务规模化的核心

我认为电子商务在规模化过程中所遇到的最大瓶颈还是人才。1号店从拥有不到200名员工发展到拥有10 000多名员工，在员工迅速增加的过程中，新文化对原有文化产生了巨大的冲击，能否保持企业文化的根基，传承我们的创业精神对我们来说，是一个巨大的挑战。

企业的发展就像小孩子的成长，从出生到上幼儿园，再到上小学、中学、大学，不同时期需要不同的老师来教。让老员工看到自己的不足找准自己的位置，让新进入的人才切切实实掌有实权很重要。但这并不是说“外来的和尚好念经”，我们对老员工的培养也是很重视的。峻岭和我经常给高管，有时直接给各团队做培训。我们也会把有潜力的老员工送出去培训，他们的成长也是显著的。我们一直推崇直截了当，有问题摆在桌面上谈，平常也会对大家提出的问题及时反馈、指出不足，告诉大家怎样做才能跟上公司的步伐，能够承担起企业的大任。

企业是否能健康成长要看企业是否推崇开放包容的心态，是否营造了开放包容的氛围，尤其要看创始人和管理层的心态。企业管理层和员工要敢于否定自己，接受新鲜事物，以批评的眼光接受不同的观点。峻岭和我都很强势，但我们有一点可以自夸，就是经常进行自我反省，犯了错误会及时改正，不会固执。强势不等于不听别人的意见，我们在公司会议上经常争论得很激烈。但取胜的是真理，而不是于刚、峻岭或某位员工。

适当的人才流动是正常的，而且对企业的发展是有益的。没融入企业文化的员工或个人发展速度远超出企业发展进程的人才都会离开。因此，企业管理者要以虚怀若谷的心态看待人才流动。GE（通用电气）培养了许多国际大公司的高管，为社会做了贡献，但GE也变得更优秀。

光靠几个人才是完成不了宏伟大业的，企业需要一个梯队，既有制定战略的人才也有执行战术的人才。人才梯队是逐渐形成的，中国管理层的迅速崛起是有目共睹的。2002年，我在多个国内著名商学院教第一届EMBA时，大家对很多管理理念都觉得很新奇，SWOT（态势分析法）也没几人听说过，可现在也都熟练地应用于实践了。

以前，十几个人靠几条枪就可以打天下，凭借兄弟义气一起冲锋陷阵。而企业规模壮大时，这种方法就不适用了，还是要用正规的方法去管理企业。企业管理光靠情感是不够的，要靠制度、激励机制、流程。1号店推行的“继承者计划”和“个人发展计划”，就是借鉴了国际上优秀企业的成功方法。

我们每个月都会制定、审核、推动数个重大制度，比如薪酬管理制度、内部竞聘推荐制度、晋升制度、合同管理制度、知识产权制度、供应商管理制度、质量管理制度等。同时，我们也大力推动自动化，如用库存模型实现库存管理和向供应商下订单的自动化，让机器来取代运营，逐渐减少人的因素，而人应该做有创造性的事情。

电子商务的规模化必须建立在商务模式可扩的基础上。在实现规模化的过程中，企业要放弃很多起步时为“赚第一桶金”而采取的不可扩的商务模式、流程、与伙伴的合作方式、系统的模块，甚至整个系统。

我在亚马逊管全球供应链时，就放弃过一些当时公司的供应链的管理策略和流程，为的是打造下一代更优化和更可扩的供应链管理机制和系统。比如，我的团队重新开发了履单管理系统、库存管理系统、转运系统，并用了将近八个月的时间推动最优库存目标和库存健康指标。

1 号店在发展的过程中也放弃了许多不可扩的做法。比如我们停止了早期和超市的合作，为许多企业客户服务的手工特殊定价和流程，目录推广，与一些合作伙伴开展的难以复制的线下活动，等等。我们将客户引导到线上，让顾客也充分享受电子商务不受时间和地域限制的服务优势。

果断地放弃一些当时看起来还挺不错的做法是有风险且相当痛苦的。比如，我们每次发放广告就像服用兴奋剂，发放的时候销量会大幅增加，但顾客很少向线上转换，购买的也只是广告上促销的商品，投资回报率也不高，而放弃目录和广告推广全面转到线上又会让我们当时的销量大幅下降。我们顶住了压力，成功地进行了转型。后来，我们超过 99%的销量是在线上完成的。

在电子商务规模化的过程中，我们必须用更高、更广阔的视野来审视现有的商务模式，看其在未来受到技术和社会变革冲击时会怎样变化。比如，云计算、移动支付、商品服务虚拟化对我们有什么影响。对于一些超出我们的知识范围和视野的变化，我们会聘用咨询公司（1 号店用了普华永道、尼尔森等公司）帮助我们梳理。在思想碰撞的过程中，我们将自己的想法系统化，并用其他公司的成功或失败的案例来佐证。

经营的合法合规性在电子商务规模化的过程中显得尤其重要，特别是对知识产权、商标、域名的保护而言。我们申请了数百个软件著作权和多项专利。当真假开心网的官司发生后，我们马上安排审核并对域名进行保护。当时，我们发现“2 号店”到“10 号店”都已被别人注册。但“亡羊补牢”也为时不晚，我们立即对其他域名和商标进行了保护。同时，我们聘用一个专门的法务人员挖掘我们潜在的专利。

电子商务的无地域性也是一把双刃剑，因为其商品被配送到全国乃至全球，若存在质量问题或违反广告法的情况，任何一个地区的执法部门和工商部门都有权起诉。因此，我们制定了一套严格的质量管理流程和法务审核流程，以减少风险。

电子商务规模化的重要任务之一就是缩短并上移供应链。缩短供应链是指逐渐去除运营过程中的中间环节和不必要的流程，以降低成本、加快速度。上移供应链是指将采购从批发商、经销商那里逐渐过渡到原厂商的源头，这需要达到一定的规模并有一定的谈判筹码才能实现。比如，我们开始只订购几十箱饮料是不具备谈判能力的，而后来每次订几千箱时通过直采可大幅降低成本。

最后，规模化的前提是系统化和自动化。我们开发了十几套系统，都是基于集成、实时、模块化的基础之上的。但要推动系统全功能使用是要花大气力的。系统开发人员与终端用户的沟通不畅往往会浪费大量的人力物力，导致开发非所需。我们也曾进行过多种尝试。

总的来说，电子商务规模化的前途是光明的，道路是曲折的。没有进行规模化的电子商务企业被一一淘汰，规模化不当的企业难以生存，只有少数电商企业能“会当凌绝顶，一览众山小”。

中国电子商务的发展及重要研究课题

电子商务在中国的迅猛发展已经引起了国内外的关注。尤其是在2008年金融危机导致的经济寒冬中，电子商务成了几个为数不多的仍展现盎然生机的暖春行业之一。根据艾瑞咨询（iResearch 2008 年 12 月）的统计数据，2008 年中国网络购物市场延续了 2007 年爆发式高速增长的态势。有以下数据证明：

（1）2008 年网络购物交易规模破千亿元，增速超过 130%；

（2）近三成的网民都成为网络购物用户，总人数达 8 000 万人；

（3）网络购物占社会消费品零售总额的比重首次突破 1%，达到 1.24%。

网络购物已经成为传统零售市场强有力的补充，网络作为零售渠道的重要性也逐步被越来越多的企业所认知。

追根溯源，电子商务在中国发展迅速的主要原因有以下几个。

第一，互联网用户数量的急速增加。

据 2009 年 1 月中国互联网络信息中心（CNNIC）发布的《第 23 次中国互联网络发展状况统计报告》显示，截至 2008 年年底：

（1）中国互联网普及率为 22.6%，首次超过全球平均水平 21.9%；

（2）中国网民数达到 2.98 亿，较 2007 年增长 41.9%；宽带网民数达到 2.7 亿，占网民总数的 91.6%；

（3）中国 CN 域名数达 1 357.2 万；

（4）中国网页总数超过 160 亿个，较 2007 年增长 90%。

中国的互联网普及率、网民数量、国家 CN 域名数这三项指标近年来持续稳居世界前列。随着互联网用户数量的增加，网上购物顾客的比例自然也会增加。

第二，电子商务发展的主要障碍被一一清除。

付款和配送曾是电子商务发展的主要瓶颈。就付款来说，随着近年信用卡用户的增多、各银行网上支付功能的完善、物流配送商提供货到收款的业务、以支付宝等中介支付工具的出现、多种充值卡和POS机的推广、传统的邮局和银行汇款的延续等，多样化的付款方式满足了顾客的个性化需求，也消除了顾客在没有接触到商品实物就要做购买决定时的疑虑。从配送方面来看，中国高速公路的建设和城市交通的改善为高效的物流配送提供了合适的土壤。中国人口密集，加上以小区为核心的居住结构，使以货车、摩托车、电瓶车和自行车混合的方式进行最后一公里配送的中国特有模式非常有竞争力，其配送成本远低于欧美。

第三，电子商务的价格优势和便利给大众带来了巨大实惠，并得到了大众的认可。

电子商务以轻资产、少人员、高技术将成本大幅降低，并将减少的成本直接回馈给顾客。这在经济不景气时尤其受到顾客的青睐。电子商务的丰富信息和送货上门的服务给顾客带来了便捷，给越来越忙碌的上班族带来了福音。网上疾速的口碑传播又进一步加速了电子商务的发展。

虽然中国电子商务的发展速度很快，但由于基数小，其规模与欧美相比还有很大差距。比如2008年美国的网民占比、网购渗透率分别是75%、70%，而中国网民占比、网购渗透率才分别达到15%、30%。

虽然电子商务成功与否涉及品种、价格、可获得性、便利性、信息安全性、品牌等多种要素，但前三项才是其基石。如果没有顾客想要的商品，其他方面做得再好也没用；价格的竞争力始终是关键的；有货或没货，明天送货还是后天送货对顾客来说有很大的差别。但除了这些通用原则外，还有哪些重要的课题值得我们深入研究并对中国电子商务的发展有指导意义和应用价值呢？下面，我列举一些我认为重要的课题。

1. 商务模式的创新

电商可以尝试用以下（或新添）参数的不同组合推出新的商务模式：

（1）资源（网站、库存、内容等）的所有权；

（2）支付方式（充值卡预付、企业或个人账户按指定账期支付、信用卡、货到付款等）；

（3）谁来定价（由供应商定还是电子商务公司定）；

（4）产品选定和组合由谁确定（供应商定还是电子商务公司）；

（5）与供应商的利润分享机制和比例；

（6）配送机制（自己配送、第三方物流配送、转单由供应商直接配送等）；

（7）与顾客和供应商的关系（会员、进驻、买断、寄售、代销等）。

2. 现有商务模式的分析

至今，尚无对各种电子商务模式及其竞争力的系统的分析，试错是各商家主要的实践方式。因此，对于商务模式，电商应注意以下两点：

（1）应系统地定义电子商务模式和公司发展的健康度及潜力的衡量标准；

（2）电子商务公司的估值方法与传统行业不完全一样，需要综合考虑营业额、利润、顾客价值、可扩性等重要因素。

3. 定价模型和机制

在运用定价模型和机制时，电商应思考以下几个问题。

（1）如何动态、自动地调整价格？

（2）如何以价格为杠杆重新塑造顾客的需求？

（3）虚拟商品如何定价？满足顾客个性化需求的商品如何定价？

（4）会员费如何定价才能实现顾客忠诚度改善和成本增加之间的平衡？

4. 顾客需求敏感度分析

在进行顾客需求敏感度分析时，电商应考虑以下参数：

（1）商品的价格；

（2）商品的可获得性；

（3）商品的配送方式和配送费用；

（4）商品的类别；

（5）商家或商品在网站上的排序；

（6）顾客对商品和商家的反馈；

（7）网络覆盖的地域。

5. 顾客体验的度量

电商可以考虑使用（或新添）以下参数设置一种新的综合指标来衡量顾客体验的好坏：

（1）退货率；

（2）重复购买率；

（3）从顾客下单到配送到顾客手中的时间间隔；

（4）缺货率；

（5）顾客投诉率；

（6）及时送货率；

（7）问题一次解决率。

6. 供应链管理

电商在进行供应链管理时，应考虑以下方面：

（1）如何定义库存的健康度；

（2）如何界定最优库存目标和服务水平；

（3）最优的产品库存在不同区域的仓库的分布；

（4）多类商品和多个供应商的联合进货；

（5）过剩库存的最优处理（退还给供应商、清仓、折扣等）；

（6）库存的优化；

（7）快速消费品保质期的管理；

（8）配送中心地域的选择，容量及配置的决策；

（9）供应商管理存货的规则和控制；

（10）仓库间的库存转移和中转聚单的最优决策；

（11）节假日配送能力的增容和控制；

（12）实时库存监控和自动采购系统；

（13）实时订单往各配送中心分流的最优决策；

（14）供应商的认证规则和平衡计分卡的设立（包括质量、价格、服务等因素）；

（15）电子商务的灾难预案和实时应急管理（如出现网站被黑客攻击，商品因质量问题需紧急召回等情况）；

（16）灾难后的运营恢复流程和机制。

由于篇幅限制，我不能将这些课题一一展开阐述。对中国电子商务来说，需要研究的问题是海量的。我们只能边实践探索，边研究回顾，无暇等待理论的成熟。能生于这样一个信息爆炸的年代并目睹电子商务的成长，乃是我们人生之幸。

电子商务的未来：无商不移动

几年前，我曾在一次电子商务大会上讲了一个观点：电子商务不是传统零售的简单进化，而是一场革命，将来“无商不电商”。不管你是拥抱它、接受它，还是怀疑它、抵触它，它都会毫不留情地改变传统零售的形式和格局。现在，移动商务将成为电子商务的主流，是“无商不移动”。

记得30年前，我在美国康奈尔大学读书的时候，最渴望的事情就是夏天能够到学校附近的一家当时家喻户晓的公司去实习，这个公司的名字叫柯达（Kodak）。当时，柯达如日中天，几乎垄断了胶卷市场，也是最早发明数码相机的企业。可是，当真正数字化来临并要“革”它自己“命”的时候，它没有接受这个事实并快速转型，因此被历史的潮流抛弃在沙滩上。一个曾经非常伟大的公司不敢“革”自己的“命”，结果让别人“革”了它的“命”。我服务于戴尔时，也经历了戴尔痛苦的转型过程。当计算机变成快速消费品，基本配置的计算机就能满足大众需求时，IBM果断地放弃个人电脑产品线（ThinkPad）转而聚焦IT服务。而戴尔在自创的、导致早期成功的并赖以生存的直销模式不再具有优势时，却一直没有找到下一个增长点。过去成功不代表未来也能成功，过去的成功要素往往成为未来发展的包袱。

现在，移动商务是一场新的浪潮，如果不跟上这个潮流，我们也会被“革命”。

先看看移动商务的市场发展，图 1 展示了中国移动商务的总交易额近几年的增长情况和未来发展趋势。中国移动商务 2013 年占总电子商务的比例约为 9.2%，预计到 2016 年时该占比会翻倍，这个速度已经远远超出了美国的增长速度。美国 2012 年移动商务大概占比 3%，2013 年大概为 4%，2016 年预期会达到 7%。近年中国电子商务和移动商务的发展在速度上远远超过了美国。

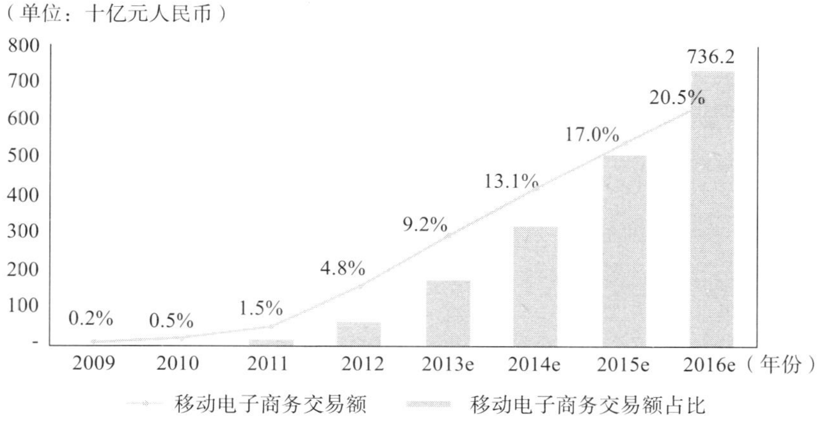

图 1　中国移动商务交易额

数据来源：艾瑞数据报告 2013

中国移动商务的发展有以下几个主要驱动力。

（1）智能移动终端的普及。不管是手机还是平板电脑，其渗透率都在快速增长，而其成本却在急速下降。对顾客来说，现在一个智能手机的价格也就几百元，将来这个价格还会持续下降。智能手机已成为快速消费品，几个月就完成一个生命周期。

（2）中国电子商务的持续快速发展。未来几年，电子商务在我国还会以较快的速度持续发展，仍是我国发展较快的行业之一。电商的发展让广大顾客接受了虚拟购物的形式，也为移动商务奠定了基础。

（3）移动端支付的安全性也在逐步提高，支付不再是移动交易的障碍。

（4）移动通信技术的发展以及无线网络的普及促进了移动商务的发展。

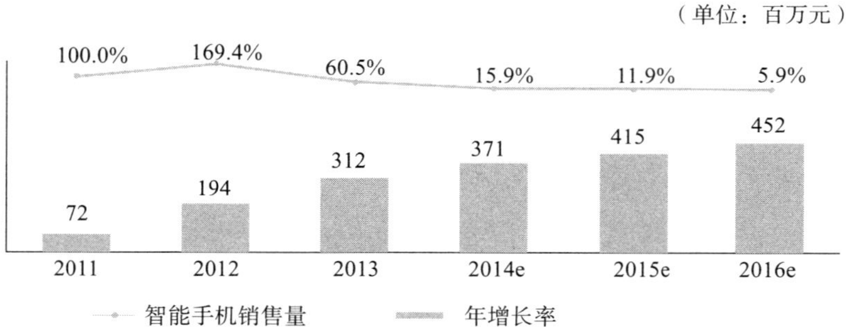

图 2　中国智能手机的销售额

数据来源：艾瑞数据报告 2013

要理解为什么移动商务会改变电子商务，我们需要先回顾一下零售行业的发展过程以及电子商务是如何改变传统零售的：在传统零售时期，商品在店铺里销售；电子商务将购物虚拟化，让顾客足不出户从电脑上购物；现在，移动商务让顾客可以随时随地购物。互联网和科技的发展让这个变化的周期越来越短。

在电子商务刚兴起时，大家认为电子商务只是传统零售的一个补充，只是把线下的销售搬到网上。现在，大家都意识到了这个观点是错误的，只是把商品放在网上是很难卖掉的。电子商务和传统零售有很大的差异，在物理特征、商品展示与搜索、人才结构、供应链架构和管理、市场手段和营销策略等方面都不一样。比如：到店里购物时，你可以直接感受商品，可以体验后再决定是否购买；而电子商务是虚拟的，你不能接触到实物商品，只有收到后才能体验商品。在传统店铺里，商品是展示在货架上的，商家根据顾客在店里走动的路径、浏览货架和查看商品的习惯来决定把什么商品放在什么位置，而且店里还有声、光、味刺激你的感官让你产生冲动购买的欲望。而电子商务是在网上展示商品，靠屏幕上的文字和图像激发顾客的购买欲。两者在后端运营的不同更为显著，比如：传统零售有店面及店内的管理和促销人员，仓库多是高架库，而电子商务多是平面库，有拣货、分拣、合单、包装等流程和相应的工作人员，这些过程是传统零售不具有且不需要的，电子商务需要大量的 IT 人才来开发系统，而传统零售需要的是店面的管理人才。这些不同导致了传统零售和电子商务的差异。

虽然两者各自有各自的特点，但这些特点也给各自带来了优势：传统零售有实体商品的体验性，商品立即可得性，刺激临时性购买，店员近距离服务等优势；而电子商务有低运营成本，拥有大量的顾客实时信息，口碑营销传播的速度快、广度宽，不受地域、时间和货架空间的限制等优势。

而移动商务的出现又将重新定义零售，并给零售带来革命性的变化。这一趋势源于移动商务的特质：（1）具备可以随时、随地、随身使用的特点，只要将手机、iPad 等设备带在身上，我们通过移动通信技术和无线网络可以随时购物；（2）移动设备的定位功能使现在热门的基于地域的服务（LBS）成为可能；（3）具备扫描、拍摄的功能，顾客可以直接扫描二维码、模糊识别图像辨别商品，进行商品的匹配和搜索；（4）具备通信、传感功能，不同手机之间、手机与其他设备之间可以实现交互，从而使物联网的概念变为可能；（5）有语音识别和指纹识别等功能，用户在不方便打字的时候，也可以进行操作。这都是移动商务所具备，而电脑不具备或即使具备也较弱的功能。这些功能使移动商务产生更多的创新，更方便顾客，从而使其更有别于传统零售。

当然，移动购物也有一些劣势，比如手机屏幕太小，每次呈现的信息量有限，图像不能很清晰地展示商品，输入比较困难，检索能力比较弱等。基于这些限制，我们设计的移动商务模式一定要适合移动设备的这些特征。

移动商务和电脑的电子商务在顾客使用时段和覆盖区域上也有较大的不同。比如，利用电脑购物的高峰是在工作日，基本是在上午十点到下午三点，而移动商务购物的高峰是在周末，特别是晚上九点以后。这是因为，晚上大家已经不再打开电脑，而是利用手机、iPad 进行购物和娱乐。而周末是电子商务比较平淡的时间段，是移动商务的高峰。

那么，针对上述这些特点，移动商务适合采用哪些模式呢？第一，由于输入和搜索比较难，所以移动商务适合短流程、容易做决策的模式，比如团购。因为团购的商品大多是单品，顾客不需要过多地进行搜索和比价，看到之后立即就可以购买，而且团购的很多单品都包邮，也不用输入太多的信息。

第二，移动设备是和电脑互补的，除了在上文中提到的时间上的互补，还有功能上的互补。如本地化：你到电影院去看电影，到了以后可以临时用手机在社交网站上询问和搜索一下哪个电影值得看，然后用手机从网上买票并享受一些折扣，在收到一个二维码形式的虚拟票后马上就可以进去。另外，手机的游戏功能和很多模式会让你觉得有趣。在这个过程中，你不会觉得购物是很枯燥的，还会有愉悦感。

第三，O2O把移动商务和本地化服务结合起来。我们尝试跟一些商圈合作，在线上搞活动，让顾客到线下去体验该服务并获取商品，比如一些体积较大的商品（家具、婴儿车、童床等），从而把流量驱动到店里。当顾客有兴趣时，商家可以通过手机即时推送该店的促销活动或抵扣券等，以把顾客吸引到店里去。

我们在移动商务上进行了一些粗浅的探索。首先，针对移动商务可以随身、随地、随时使用的特点，我们推出了虚拟超市的模式，在地铁站展示虚拟货架广告墙，把跟实物同样大小的商品以图片的形式展现在货架上，很有立体感。顾客用手机客户端扫描商品图片下面的二维码后，马上可以购买。后来，我们的下一个迭代创新是三维虚拟超市，利用 GPS 定位功能在任何一个地方都可以建这个虚拟超市，比如在陆家嘴、长城、九寨沟等地方，并且五分钟就可以建好。顾客被手机地图引导至虚拟店后，可以看到虚拟货架、虚拟商品，还可以直接点击购买。

基于电脑购物和移动购物时间上面的差异，我们在周末开展“购物狂欢节”活动，并用适合移动设备的商务模式进行推广，比如团购、闪购等，同时以特殊优惠吸引更多的客流。

利用传感功能，我们尝试了一些有效的市场营销活动，比如我们用感应功能把智能手机和自动售货机连接起来，顾客只要摇一摇手机，一罐可乐就会从自动售货机里掉下来送给顾客。我们在上海一个广场开展“摇一摇”活动的时候，最多的一天有数千人摇，既有趣味，又可以通过微博、微信进行口碑传播。

在个性化搜索方面，我们推出了“购物足迹”模块。若用户以前通过电脑或手机购过物，我们就能够了解到用户的搜索、收藏和购买行为。在用户使用我们的 App（手机应用程序）时，我们可以马上提供一个“购物足迹”并帮其建一个购物清单，用户在下一次购买的时候很容易就可以把以前的购物清单调出来，在上面进行加减、完成购物。这个功能让我们能满足顾客的个性化需求。

因为用手机搜索比较难，所以我们要减少顾客的时间成本，让顾客不要花太多时间在手机上进行反复的搜索、比较和比价。我们推出了一个“每日惠”功能，顾客进来可以看到我们的所有促销信息，相当于我们帮助顾客做了比价和搜索，从而有效地减少了顾客的搜索时间和成本。

业界也有很多值得我们学习的做法，比如：GILT是美国一家做闪购的网站，在每次一个活动开始前都会用手机向顾客推送活动信息，以提醒顾客这个活动马上开始，而且推送的信息也很个性化，知道哪些活动是顾客感兴趣的。顾客可以从中甄选自己感兴趣的活动，而且以后也会收到这些活动的信息。并且，推送的信息都是单品购物信息，顾客购买时也很简单、很便捷。

总之，我认为移动商务不是电子商务的进化，更不是简单地把电子商务从电脑上搬到移动设备上面来，而是电子商务的革命。由于移动设备自身的特点，移动商务需要更多的创新，会产生新的商务模式，会蚕食甚至颠覆电子商务，更不用说其对传统线下零售的冲击了。这不是危言耸听：狼已经来了。

C2B电子商务的发展与潜力

电子商务有多种模式，大家熟知的有B2C、C2C、B2B、B2B2C等：B2C是指企业直接为消费者提供商品销售和服务的模式，如亚马逊、京东、1号店等的模式；C2C是个人之间通过互联网交易的形式，如易贝、淘宝、拍拍等的模式；B2B是指商家之间通过互联网建立的商业关系，如阿里巴巴、慧聪网等的模式；B2B2C是指商家借助其他电子商务公司所提供的平台为顾客提供商品销售和服务的形式，如天猫、QQ商城、1号商城等的模式。

另外，还有一种鲜为人知的模式——C2B（Consumer to Business），即消费者通过互联网向企业提供商品、服务和价值。

互联网和新技术的发展是所有商务模式及其衍生形式的助推力，主要原因如下。

（1）和传统媒体（电视及平面媒体）信息的单向传播不同，互联网信息是双向传播的，可以有“一到多”、“多到一”和“多到多”等形式，也因此促进了各种商务模式的创新和发展。互联网的高渗透率和信息的快速流动也使信息传播的广度和效率大为提升。

（2）互联网的高新技术使实现各种商务模式成为可能。要使商务模式具有柔性和可扩性必须有技术的支持，比如戴尔的规模定制模式，如果没有互联网技术的支撑，是不可能规模化地满足顾客的个性化需求的。

（3）电脑和信息技术成本的快速下降，使个人用户也拥有了以前企业才拥有的高性能计算机、数码成像设备、高容量的数据存储设备、无线网络、宽带等，从而也使商家和消费者之间的互动变得更为平等。

（4）互联网在全球的渗透将世界变为平的。世界每一个角落的人，无论是在欧洲还是在非洲，无论是贫穷还是富裕，无论是天才还是普通人，哪怕是一个机器人，都可以成为互联网的用户，都可以得到服务，都可以用其所拥有的资源和能力为其他用户服务。

下面，我重点说一下不为大家所知的 C2B 模式。

C2B 可以以多种形式出现，常见的有以下几种。

（1）聚合需求形式。

数量庞大的个体顾客通过聚合分散的需求形成一种强大的采购能力，并以此来改变 B2C 模式中用户一对一出价的弱势地位，从而使用户享受到以大批发商的价格买单件商品的利益。“聚划算”推出的反向团购就属于这种形式。

（2）要约形式（也称为逆向拍卖）。

由个体顾客发布自己想要什么商品、要求的价格是多少，然后由商家来决定是否接受客户的要约。假如商家接受客户的要约，那么交易成功；若不接受，则交易失败。Priceline（美国一家基于 C2B 模式的旅游服务网站）订酒店就采用这种模式，相类似的网站还有 Kelkoo（一家面向欧洲的比较购物网站）和 froogle（谷歌推出的对照购物信息网站）。

（3）服务认领形式。

企业通过互联网发布所需要的服务，包括服务的具体任务内容、任务目标和成功完成的标志，并愿意对每个任务付出，由个人来认领。亚马逊的 Mechanical Turk（亚马逊推出的劳务众包平台）、Elance（一家在线外包服务网站）、Peopleperhour（一家自由职业者和小企业交易平台）等都属于此类。

早期，企业发布的都是需要大量人力且计算机处理比较困难的任务，如图像识别等。淘宝的淘客和1号店的自有网盟发布的也是这种形式的任务。企业将自己所需要推广的广告链接发布在网站上，并清晰地描述按CPS（以实际销售额来计算）分成的佣金比例，由其他网站来认领。另外，还有一些三方网盟平台为企业发布需要推广的广告链接并由其他网站来认领，例如Google AdSense（谷歌推出的一个互联网广告服务）、Commission Junction（国外最大的综合网络广告商）、亿起发、LinkTech（领克特）等，这些可以被归类为C2B2B模式。

这个模式还包括在线调查。企业将调查问卷发布到网上，用户成功完成调查问卷后得到相应的报酬。采用这种方式的企业有：GozingSurveys、Surveyscout和Survey Monkey（乐调查）。1号店的试用中心也是一个典型案例，顾客可以通过试用中心免费领到心仪的产品样品，但要完成一个事先设计好的并公布在网上的产品使用报告。这份报告将帮助产品的生产商改进功能或了解市场对该产品线的反应。该使用中心自上线以来已帮助宝洁、联合利华等品牌商发送了数千万件样品。

（4）商家认购模式。

采用这种模式的电子商务平台要求个人提供其原创的数码内容，如摄影作品、图像、图标、动画、视频等，让企业根据标价来认购这些内容。采用这种模式的企业有 Fotolia（富图力）、Google Video（谷歌视频）等。越来越多的企业开始使用开源软件，这也为个人和企业开发应用软件创造了机会。这些软件包括了客户关系管理、内容管理、数据库和服务器的应用等。

（5）植入形式。

企业可以将自己需要的品牌宣传、促销推广、服务内容诠释等植入个人发布的博客、微博和 App 里，并为此付出一定的费用。比如专家为新产品所写的博客评论，企业在微博大号植入的营销微博，企业在个人开发的游戏 App 里的品牌植入等都属于这个形式。企业支付的依据也多种多样，比如微博营销有按粉丝数支付的，有按转发数支付的，也有按每一条微博支付的。

C2B 模式的一个重要特征是商家在做决策之前就已经精确知道了顾客的需求，这也是该模式的巨大潜力所在。B2C 是典型的推动模式，即有了商品再用各种市场手段将商品推销出去。而 C2B 是典型的拉动模式，让商家可以根据顾客的具体需求去规模化地采购或生产，按需定制，从而降低甚至消除了库存和相应的成本。

C2B 的另一个特征是“积少成多，聚沙成塔”。企业利用社会的零碎资源、个人的能力及零碎时间低成本地帮助自己完成需要大量劳动力、短生命周期或企业不具有能力和资源的项目。

C2B 模式方兴未艾，我们将会在这个领域看到大量的创新，其商业价值也会随着各种新应用的推出而凸显。让我们翘首以待！

社交购物：电子商务新热点

近年来，社交化、本地化、移动化，形成了互联网的新潮流。其中，社交化购物也成为电子商务的新热点。

社交化购物的定义是基于社交网络的由某种社交活动或事件所引起的购物或交易。社交化购物的基础是社交，即人与人的关系。这种关系可以是亲戚、朋友、同事、同学，也可以是有类似经历或相同兴趣的人，甚至可以是你有一定信任感的意见领袖或者曾买过你希望购买的商品的其他顾客。这种关联为彼此打下了信任的基础，也会影响你的购物决策。

社交化购物其实很早就有，每个人在购物前都希望得到自己所信赖的人的建议、推荐和评价。这对验证自己的购物决策是否正确起到一种辅助作用。小到休闲零食，大到汽车房子，我们都会期待着听听别人的看法。但信息时代的社交化购物是在互联网出现后才发生了质的飞跃。主要有以下一些原因。

（1）互联网大幅缩小了空间和时间所产生的间隔，低成本、高速度、广传播度地把大众紧密连接起来。基于互联网的技术工具使社交可以即时实现，信息可以大容量地表达、传播和储存。

（2）基于互联网的社交网络放大了大众的从众心理，也凸显了个人的能力，让有思想、有专业知识、有表达能力、敢于发表言论的意见领袖扩大了自己的影响力。

（3）基于海量信息的数据挖掘、分析、决策支持的快速发展也使得企业能够通过社交网络和应用软件去充分了解和满足顾客的需求。

社交化购物的成功要素主要有以下几点。

（1）要建立在一个高活跃度的社交化平台之上，所销售的商品和服务要和该平台用户群的需求和兴趣相符。

（2）要策划出有趣味，有可传播点，能激起在相应的社交平台上的用户群体共鸣的活动。

（3）购物导引要无缝、潜隐地植入社交活动中，不要太生硬，以免引起用户的反感。

（4）社交活动流程和激励机制的设计要简单，最好可量化，用系统来完成以保证其可扩性。

下面，我先列举几个业界的经典案例，然后用1号店的实践来阐明社交化购物的概念。

沃尔玛全球电子商务推出的Shopycat（一款社交应用软件）是一个基于脸谱网的应用。用户下载该应用后可以在脸谱网社区里聆听其他用户的讨论。而沃尔玛则从用户交流的关键字中分析其潜在需求，将沃尔玛电子商务网站所提供的相关商品动态地在用户的网页上展现，并与自己的商品页面连接，从而将社区讨论转换为销售。

淘宝和美丽说合作也是非常成功的。美丽说的社区平台上有大量用户提供的精美图片，用瀑布式展示，很吸引顾客的眼球，比较适合时尚商品的展示。淘宝的许多服装、家居、珠宝首饰的商家将这些图片链接到其淘宝商城的商铺，以 CPS 结算，从而提升自己商铺流量的转化率。

亚马逊的 Wedding Registry 就是这样一个平台，让准备结婚的新人将他们所希望得到的结婚礼物以清单的形式列举在此平台上，让亲朋好友们来认领。有些大件礼物可以多个亲友一起购买。这样既避免了大家送礼时的重复和浪费，也送上了新人真正想要的物品。

1 号店对社交化购物的尝试差不多从 2008 年上线时就开始了。上线后不久，我们就和著名的社交网站——天涯战略合作，在天涯社区植入了 1 号店网上超市。为了融入天涯社区，让天涯的用户更容易接受，我们将该店命名为天涯 1 号店。后来，我们还在天涯社区多次举办符合社区网民兴趣的活动，每次都有十几万人参与，发帖数千个。顾客的推荐引来了众多其他顾客的购买，也迅速扩大了 1 号店的知名度。

后来，我们又搭建了一个“购物工会”的平台。在该平台上，每一个用户都可以主动发起一个“购物工会”或加入已有的“工会”。若某个“工会”在一个月的总购物额达到设定的临界点，则下个月该“工会”的每位顾客都能享受更高等级的积分。在短短几个月的时间内，数千个“购物工会”被用户自主建起，不少“购物工会”会长还呼朋唤友来加入，共有几十万用户参与，而且每个“工会”内用户的购买行为有很大的相似性。

我们的创新中心还推出了“中国好商品”平台。邀请的所有商家和个人可以将他们的新产品或创新产品的概念通过短视频的形式提交申报，并将视频展示在中国好商品的平台上，让顾客来决定什么是大众喜欢的商品和我们应该卖什么商品。我们邀请网友帮助我们海选出最受欢迎的前十名商品。选出的商品在1号店里得到了过百万元的奖励，促销资源和品牌宣传资源。这种与商家和顾客互动的形式深受大众的喜爱，转发和评论也达到了500多万条。

1号店的“中国好商品”平台

短短几年，新浪微博就发展成为中国用户最活跃的社交网站。我们也看到了微博客户的黏度高和传播速度快的特质。因此，1号店和新浪微博结成战略合作伙伴，开发了基于新浪微博平台的应用，推出了“微客服”和“微团购”。其中：微客服容许用户将新浪微博的账

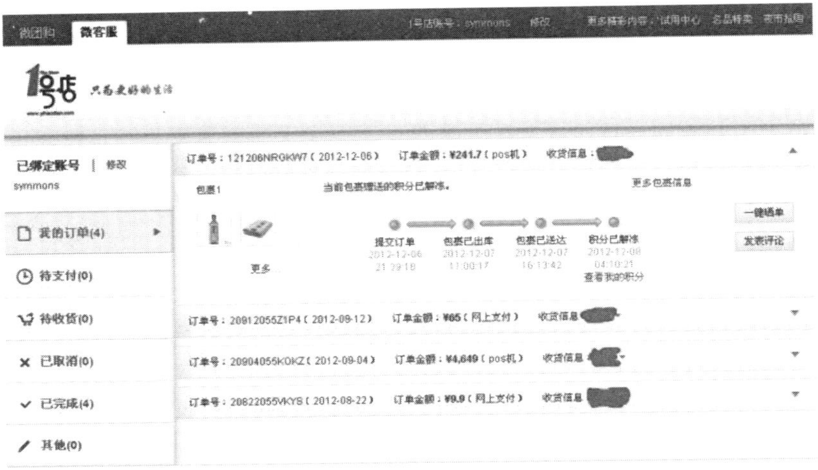

1 号店在新浪微博里的微客服应用

1 号店在新浪微博里的微团购应用

号和 1 号店的账号绑定互通，以即时将该用户在 1 号店所下订单的最新状态信息推送到其新浪微博客户端（包括 PC 端、移动客户端等），让用户在第一时间以日常刷微博的方式掌握其订单进展，用户也可以非常方便地在微博里晒自己的订单，并且自动提醒、推荐给粉丝，或让朋友们提出建议和反馈；微团购则将我们的团购频道搬到了新浪微博平台上，借助意见领袖的传播力和微博社区病毒式扩散的特征来扩大 1 号店的品牌知名度和影响力。

1 号店在腾讯的微信平台也进行了尝试。我们曾推出“我画你猜”的活动，在活动期内，1 号店官方微信账号每天向所有听众推送一张描述 1 号店在售商品的手绘图，粉丝回复猜中的话就有机会获得图片中所画的商品。有上万个粉丝参与该活动，转发达数万次。该活动被评为“十大微信案例”。

社交化购物的例子不胜枚举，这里只是略举一二。电子商务向社交化购物发展的趋势会越来越凸显，电商企业必须抓住机会，开疆拓土。

中国互联网的下一个风口在哪里

我们都非常有幸地生长在一个互联网改变世界的时代。更为有幸的是，我们在这个时代中不只是一个看客、一个历史的见证人，还是历史的弄潮儿、历史的创造者。而电子商务在互联网时代又扮演着一个非常重要的角色。未来几年，中国电子商务仍会以较高的速度增长。下面，我想跟大家分享一下我对中国电子商务未来几年的展望。我认为有十大趋势。

趋势一：移动购物

大家知道，我国手机用户的数量非常庞大，而且手机的渗透率增速远大于电脑渗透率。也就是说，电子商务将来的主战场不是在电脑上，而是在移动设备上。而移动用户购物有很多特点：购买频次更高、更零碎，购买的高峰不是在白天，而是在晚上、周末和节假日。并且，移动购物将会成为电子商务的一场革命。我们要做好准备迎接这场新的革命。而要做好移动购物，不是简简单单地把电子商务从电脑上搬到移动设备上，而是要充分利用移动设备的特征，如扫描特征、图像和语音识别特征、感应特征、地理化和可以定位的特征等。这些功能可以真正地把移动购物带到千家万户。

以前，我们讲电子商务，还说电子商务可以改变人们的生活方式，让人们足不出户就可以享受一些购物和服务。现在，我们要把这个使命改变一下，要让大家随时、随身、随地享受购物和服务。

趋势二：平台化

大家可以看到，大的电商都有自己的平台。其实，这个道理很容易理解，因为这是最能充分利用自己的流量、自己的商品和服务，实现最大效益的一种方式。因为有平台，电商可以利用全社会的资源弥补自己商品丰富度的不足，增加自己商品的丰富度，扩大自己的地理覆盖范围。

趋势三：向三四五线城市渗透

由于移动设备的渗透，很多三四五线城市的居民可以通过手机等上网。而且，由于这些城市的零售业比较落后，商品的可获得性较差，因此为电子商务的渗透提供了条件。

趋势四：物联网

大家可以想象一下：随着可穿戴设备和射频识别技术的发展，将来的芯片可以植入到人的皮肤里，可以植入到衣服里，甚至可以植入到任何物品里，任何物品状态的变化都可以引起其他相关物品状态的变化；如果你把一瓶牛奶放入冰箱，冰箱会自动扫描，从而知道这瓶牛奶的保质期、放入的时间、你的用量，当你要喝完的时候，马上可以自动下订单，商家接到订单会马上给你送货。从这里我们可以看到，你的订单到达电商那里，电商又把订单发送到供应商那里，供应商根据订单开始生产。也就是说，所有零售、物流和生产都可以结合起来。

趋势五：社交购物

亲人、朋友、意见领袖的意见可以为我们的购物决策提供参考。

社交购物可以让电商在社交网络上更加精准地为顾客营销，更个性化地为顾客服务。

趋势六：O2O

1号店曾在近百个上海的小区建社区服务点。该服务点主要有三个功能：一是集货区域，将商品通过服务点集散到顾客手中；二是顾客取货的点；三是营销点，展示商品，帮助社区居民进行团购、上网、使用手机购物。因此，传统零售要往线上走，电子商务要往线下走，最后一定是O2O的融合，从而为顾客提供更多的渠道、更大的便利。

趋势七：云服务和电子商务解决方案

不少电子商务企业都具备很多能力，比如物流的能力、营销的能力、系统的能力、为商家和供应商等合作伙伴提供电子商务解决方案的能力，希望这些能力能发挥最大的作用。比如，我们推出的SBY服务，包括了营销服务、数据服务、平台服务、物流服务，后来又添加了金融服务，以后还会有更多服务。也就是说，我们会把自己研发出来的、为电子商务本身服务的能力，提供给全社会。

趋势八：大数据的应用

电子商务的盈利模式也在逐渐经历一个升级的过程。最低级的盈利模式就是靠赚取商品的差价。盈利模式发展的第二个阶段是通过对商品进行营销而获取盈利。盈利模式发展的第三个阶段是通过平台获取流量、顾客，并通过收取平台使用费和佣金提高自己的盈利能力。盈利模式发展的第四个阶段是通过为供应商、商家提供各种各样的金融服务，从而提升自己的金融能力以提高盈利水平。我们还有大量电子商务顾客的行为数据，充分利用这些数据并让它产生价值从而带来盈利，这也是电子商务盈利模式的最高层次。而数据的获取和利用也是一个逐渐升级的过程：原始的数据是零散的，价值非常小，而将其过滤、分析后就成为信息，在信息的基础上建立模型、支持决策，得出的结果就成了我们的知识，我们可以利用这些知识进行预测、举一反三、悟出道理，知识也就成了我们的智慧。所以在这个升级过程中，我们能从中充分挖掘大数据的价值。

趋势九：精准化营销和个性化服务

大家都希望获得个性化服务，希望这个网站是为自己而设的，希望所有推荐的内容刚好是自己需要的。以后，营销不再是大众化营销，而是窄众营销。每个电商都希望最大效率地应用营销渠道和营销工具，精准地知道顾客的需求，从而为他们提供个性化的营销和服务。

趋势十：互联网金融

互联网金融平台上有“演员”，有“观众”，也上演很多“戏”。这里的“戏”就是内容，包含保险、基金、小贷，有各种各样的服务。“演员”就是银行、金融机构、保险公司等。“观众”就是所有大宗顾客，比如商家、供应商、合作伙伴。为所有大众服务就是这个平台的作用。

我认为这是将来电子商务的十个发展趋势。这是一个移动互联网的时代，这个时代会让我们的生活和我们的世界又走向一个新的时代。

智能时代的来临

狄更斯在其传世的经典《双城记》的开篇写道：“这是最好的时代，这是最坏的时代；这是智慧的时代，这是愚蠢的时代；这是信仰的时期，这是怀疑的时期；这是光明的季节，这是黑暗的季节；这是希望之春，这是失望之冬；人们面前有各样事物，人们面前一无所有；人们正在直登天堂，人们正在直下地狱。”狄更斯 150 多年前的描述也非常契合我们现在所面临的时代。2016 年 3 月，谷歌推出的智能机器人 AlphaGo（阿尔法狗）以 4 ∶ 1 的战绩打败人类冠军李世石，宣告了智能时代的来临。世人感到了震惊，感到了兴奋，同时也感到了对未来的深深不安和迷惑。

我有幸应谷歌之邀于 2017 年 5 月在乌镇现场和谷歌董事长埃里克·施密特（Eric Schmidt）一起，观看了 AlphaGo 与当今人类围棋第一高手柯洁的三番棋决赛，见证了柯洁的拼搏、无奈、失落和沮丧，也亲眼看到柯洁在无力回天时落下了英雄泪。作为人类的一员，我也非常理解并能感受到他的落寞。有媒体称："柯洁的眼泪是全人类的哭泣。"

比赛结束后，我在从乌镇回上海的途中一路都在深思，一连串的问题涌入我的脑海。IBM 的 DeepBlue（深蓝）在二十年前就打败了国际象棋世界冠军加里·卡斯帕罗夫（Gary Kasparov）。可那时，人类没这么惊讶啊！大家都知道机器在智能上超过人类只是迟早的事情，可真正到来时有什么不可接受呢？我的解释是这一天到来的比我们的预期要早、要快、要更戏剧化，我们在心理上和情感上还难以接受。而我们还必须要接受的是，人工智能未来的发展会更快，更猛烈，更超出我们的想象！

当人类发明蒸汽机时，我们会质疑火车比牛的力气大吗？当人类发明汽车时，我们会质疑汽车比马跑得快吗？当人类发明飞机时，我们会质疑飞机比鸟飞得高吗？而当人类发明人工智能时，我们为什么要质疑智能机器人比人类更聪明的事实呢 ?!

DeepBlue 于 1998 年打败卡斯帕罗夫的事件没有被定义为智能时代的拐点，可为什么 AlphaGo 的意义如此重大呢？这是因为围棋的复杂度是 10^{170}，远远大于国际象棋的 10^{47} 的复杂度，甚至远远多于宇宙中所有原子数（约 10^{80}）。围棋是人类有史以来设计得最复杂的竞技游戏，可以说 AlphaGo 攻克了人类捍卫自己尊严的最后一个堡垒！

既然改变不了事实，我们就必须面对现实。大量的人类工作岗位将会被智能机器人所替代，大量的学科将会被改变其传授和学习的方法，人类的创造和价值体现将会被重新定义，人类知识和智慧的进化正处于一个转折点。

对于守旧和不愿意面对变化的人，这是一个最坏的时代，冲击和挑战将接踵而至；对于认可和接受智能时代的新模式、新思想、新方法的人，这也是一个最好的时代，这个时代为我们提供了无限的可能。

智能时代的到来以及未来的迅猛发展有以下几大基石：

摩尔定律：当计算速度、信息储存量、计算效率每18个月还是按照摩尔发现的规律而翻一倍时，智能机器人的能力也会指数级进化。

互联网和物联网的发展：当互联网和物联网的渗透率持续上升时，信息量是以网络节点数的平方而增加的，连接的世界更智慧。

大数据：当数据的源头更丰富，数据量更大，数据更准确和实施人工智能后的决策更接近最优化时，错误的概率越小。

算法的发展：当机器深度学习，神经网络研究、语音和图像识别、决策和资源优化的模型及算法进一步完善后，人工智能的开发及应用会加速。

在智能时代逐渐取代互联网时代之际，让我们先回顾一下互联网时代的几个特征。

竞争加剧：以前的竞争者是在一定的物理范围之外，而有了互联网后，一个点击和一次触屏即可引发竞争。由于竞争更激烈，顾客的权利被提升，以前是渠道为王，现在所有渠道都围绕着顾客设立，是顾客为王。

时间轴被压缩：由于摩尔定律，时间轴被有效压缩。产品更新换代的节奏加速，行业的进化变快，企业的生命周期变短，决策的时间窗变窄。

万物相连：通过互联网和物联网形成了人与人相连，人与物相连，物与物相连，人与服务相连。在万物相连的世界，信息来自每一个节点，也传播至每一个节点。

信息爆炸：线上和线下的融合以及采集、处理、传播和分析数据的能力提升，使得数据更海量、多维和实时。

智能是基于互联网和物联网之上的，我在这里预见一下智能时代的十大趋势。

（1）数据的价值。

数据正在成为最具价值的资源。数据快速转换为信息，信息快速转换为知识，知识快速转换为智慧并为人类服务。

（2）机器人和人类的关系。

智能机器人不再仅仅是人类的助手，还将成为人类决策的依赖、不可或缺的伙伴，甚至是指挥官。

（3）人类工作岗位的迁移。

智能机器人不仅会在劳动力密集型岗位上取代人类，还将在众多高智能岗位上取代人类，包括医生、教师、律师、会计师、精算师、软件工程师等。

（4）智能器官的发明。

就像智能手机一样，未来也会有各种智能器官或者辅助器官被发明出来，以可穿戴甚至植入人体或者取代人体原有器官的形式提升人类的思考、记忆、运动、观察、辨别、生存等能力。这些智能器官将使人们的逻辑更强，决策更优，记忆更好，跑得更快，跳得更高，力量更大，耐力更久，柔性更强。

（5）人类交流。

人们不需要学会其他国家的语言，可以随时和任何人通过智能辅助设备顺畅地沟通。

（6）知识的获得。

绝大多数知识不需要学习和记忆，可以在需要的时候随时查询，甚至可以直接输入到植入在大脑或者身体内的辅助芯片里，使其变为自己知识的一部分。

（7）健康管理。

纳米级或者更微小的智能芯片可以植入到人体内，监控人体的健康状态并在发生变化时预警或者帮助修复细胞缺陷，抗击细菌和病毒。个性化的健康管理将成为现实。

（8）超级智能平台。

智能平台将成为最重要的流量入口。每个人的一天也许都会从个性化的智能平台开始，智能机器人会把今天的天气、温度、建议的穿着、日程、所要见的人的背景、所参加活动的内容、所要旅行的细节等一一告知。人和智能平台用语音或其他形式交互成为日常最频繁的行为。

（9）无所不在的智能化。

绝大多数的用品都会被一一智能化，包括家居、办公、健康、运动、文化、娱乐、安全、通信、交通用品等。人类可以用语音和其他形式控制这些用品，让它们能更好地为人类服务。

（10）具有情感的机器人。

机器人不仅被赋予智能，还将会被赋予情感，具有类似于人类的喜怒哀乐。智能机器人将成为人类的生活甚至性伴侣。

未来几年，人工智能对人类最大的挑战将会在道德伦理上。人类首先需要重新定义自我。

- 换了身体器官的我还是我吗？换了哪一部分就不再是我了呢？
- 修改了记忆的我还是我吗？
- 我愿意借助人工智能当超人吗？
- 把我的经历和智慧复制到机器人上，那这个机器人可以被定义为是我吗？

还有一点让人类担忧的是当机器人的智慧超过人类时，人类是否会被机器人所控制和奴役。

新的法律法规会出台以引导人工智能的发展朝有利于人类的未来去探索，去避免机器人摧毁人类，去防范人类利用机器人去犯罪。

总而言之，在智能时代，世界会大不一样，我们将会见证一个由人工智能所引发的历史的拐点。

| 第四章 |

创业的感悟——

且行且珍惜

创业十悟

有很多人创过业，有很多人正在创业，也有很多人有意向将来创业。可我们创业的原因是什么呢？是因为现在的工作不顺心，想逃离职场，离开职场的约束、官僚主义、办公室政治和天花板？是很羡慕那些成功人士，希望自己也能像马云、俞敏洪、马化腾那样沙里淘金、功成名就？还是自己真的有激情、有梦想，想成就一番实现价值、改变格局的事业？下面，我跟大家分享一下我两次创业的一些感悟，也希望大家从我的感悟中能有所体会，少走一些弯路。

第一悟：创业是马拉松，不是百米冲刺

如果我们在创业之初不想做一个百年老店，就不可能创办一个基业长青的企业。

我第一次创业是在美国。当时，我正在开发航空管理软件。拿到项目以后，我马上就开始写软件，可是写了一年之后才发现软件的架构是错误的，这个架构就像意大利通心粉一样搅成一团，越写越复

杂，越写越难改。于是，我开始重新搭架构，重新写程序，浪费了一年的时间。可这只是一个技术问题，创业最重要的还是企业文化、核心竞争力的建立，如果没打好基础，以后寸步难行。在创立 1 号店的时候，我和我的搭档刘峻岭在一间不到 10 平方米的小屋里，只有一张桌子。在招第一个员工前，我们花了非常多的精力来考虑企业的精神和文化是什么。写了两页纸后，我们觉得这个太长了，不容易被大家记住，就把它缩成了半页纸，但还是太长。最后，我们把它浓缩成了 8 个字，两个人分头排序。我们的排序完全一致：诚信、顾客、执行、创新。结果，这 8 个字成了我们企业的基石，让我们的企业有了灵魂。而且，我们要把它落实到每一个行动中去。

第二悟：创业要迎难而上

我发现，我们以前想的很多点子别人都做过了，没做的都是一些硬骨头，如果不越过这些坎儿的话，这些想法产生的价值也会很低。即使是一个非常新的点子，如果被一些巨头们发现有价值的话，一旦他们进入就会把你弄死了。但是，我并不是说什么难的事情都要去做，而是一定要知道具体的难点在哪里。另外，我们还要问自己有没有解决这个难点的方法和工具，有没有坚韧不拔的毅力。我们在创业之初，就分析过电子商务如何切入。我在亚马逊做过电子商务，而且参与了亚马逊收购卓越的过程，知道中国电子商务的机会是巨大的。我们在分析中国电子商务时发现，很多垂直领域都有企业在做了，包括服装、图书、母婴等各种垂直领域。我们想，为什么不能什么都卖呢，比如百货或快消品？我们觉得网上超市的这个点子应该很好、很新，结果一查，这个点子并不新，已经被很多人尝试。但这么好的想法，他们为什么没有做起来呢？我们发现难点在于供应链的管理，因为超市的商品通常大、重、易漏、易损、保质期短。知道难点还不够，还要看我们在这个方面有没有核心竞争力，能不能解决这个难点。克服了这个困难以后，我们发现，从快消品切入对于我们发展的意义和贡献是巨大的：一是避免了当时与其他网站的直接竞争；二是能迎合大众所需，快速获取顾客；三是快速消费品的顾客购买频次非常高，所以能帮我们快速建立起一个黏度强的活跃的客户群，为我们的后续发展打下基础。难不要紧，只要我们知道难点在哪儿，就可以解决这个难点。

第三悟：创业要有激情，激情会把不可能变为可能

乔布斯说过：唯一让我走到今天的，就是我钟爱的事情。如果你还没有找到你钟爱的事情，那就继续去找，不要放弃。将来，等你找到的时候，你的心会告诉你，你要找的就是激情。其实，创业就是要找到激情，就是吃饭的时候也想它，睡觉的时候也想它。每天早上，我想的第一件事就是到办公室去工作，因为昨天我又有了几个好的想法要去实现。我知道当天我去工作的时候，会遇到很多困难，有的是技术问题，有的是人事问题等。但是，我渴望去迎接这些挑战。如果

没有这些挑战的话，我就不需要做了，什么人都可以做。“沧海横流，方显出英雄本色。”激情对创业而言非常重要。

第四悟：志同道合的伙伴会让创业更享受

我认为，合作伙伴在一个人的创业过程中是非常重要的。在创业过程中，我有过一次好的经历，也有过一次不好的经历。一次不好的经历是，我在美国创业时遇到了现金流问题。当时，我们在开发软件，每完成一个阶段的任务委托方才支付我们一笔现金。有一次，我们没有按时做出来，现金流就出现问题了。我就召开管理人员会议，希望大家能主动减薪，同甘共苦、全力以赴把这个开发完成。结果第二天清晨，我的 CTO 在我的门口等我，见我进来，把门一关，把辞职信递了过来。他可以与我有福同享，但是不能有难同当。而后来，创建 1 号店也非常有意思，峻岭和我都是戴尔的高管，迈克尔 · 戴尔就是我们两个人的“媒人”，他把我介绍给峻岭，结果我们两人一起离职创业。作为合伙人，什么才是最重要的？排在第一的当然是一致的价值观，我们做的是事业，而不是一件事；第二是合伙人之间要坦诚相待，不能小肚鸡肠；第三就是合伙人如果能做到性格互补就更好了。有了很好的合作伙伴后，我们就会发现创业变得很简单、很有乐趣。遇到困难的时候，我们会拍着对方的肩膀说：没有关系的，将来这些坎坷都是我们的故事。我们会因为一点小小的成功相互庆贺，会互相做批评和自我批评，会对一些分歧进行激烈的争论。

第五悟：在创业过程中，决策的速度往往比决策的质量更重要

在创业过程中，尤其对与互联网相关的企业而言，我认为决策的速度往往比决策的质量更重要。因为如果在那个时间窗口没有做出决策的话，机会也就失去了，没有再做这个决策的机会了。由于互联网的信息量很大，传播速度非常快，因此做决策也要快。从最早 10 平方米、只有面对面一张桌子的办公室开始，我和峻岭搬了 5 次。但我们从来都坐在一起，以便做好决策后能够马上讨论并将决策第一时间向前推进。一时对错没有关系，因为我们知道大方向是对的，我们要向前走，不能停滞不前。我们还有一个纠错机制，这个机制让我们可以回过头判断自己以前做的决策对不对，有哪些地方需要改正。这样我们才能始终往前走，虽然也许是曲折的前行。

第六悟：要敢于否定自己

想创业，就要敢于否定自己。大家知道，柯达是最早发明数码相机的，可是当数字化真正改变这个行业的时候，柯达并没有跟上。我们要一直进行自我反省，要居安思危。我认为移动电子商务不是把电子商务简单地搬到移动设备上，不是一次进化，而是一场革命。以前，提到电子商务，我们谈的都是电子商务如何改变了传统零售，使顾客足不出户就可以享受购物和服务。而现在，我们通过移动设备可

以随时、随地、随身享受服务，不再是足不出户，在沙滩散步时也能享受购物。我们的思维要往前想：第一，要在移动电子商务上投入；第二，不能以现在做电子商务的方式去思考移动电子商务。移动电子商务有扫描、图像识别、定位、感应等功能，使物联网的概念成为现实。我们要革自己的命，敢于用一种新的方式去思考，敢于把以前的方式完全放弃。当时，我要求移动团队在讨论新商务模式的时候不要考虑现有的商务模式，而是要考虑一种全新的商务模式。

第七悟：过去的成功不代表未来的成功，过去的成功元素往往成为未来发展的包袱

过去的成功不代表未来也能成功，这一点大家都理解。但是下一点更重要，就是很多过去的成功元素可能成为未来发展的包袱。我给大家举一个我以前服务过的老东家——戴尔的例子。我认为戴尔是一家非常伟大的公司，独创了戴尔营销模式——直销模式。戴尔在对新员工进行培训时，第一件事就是每人发一本小书，像是戴尔的“宝典”，进去以后必读。这本书里讲道：戴尔不光是在商业模式上，在其他方面，包括文化上都必须直接，并为其取名为“Dell Direct”。然而，当计算机变成快速消费品的时候，戴尔原有的商务模式因为成本太高不再具有优势了。因此，当 IBM 放弃硬件而专心做服务、成功转型的时候，戴尔却因为它最主要的成功元素锁住了自己，成了下一个增长点的包袱。

第八悟：创业要有乐观的心态、博大的胸怀和冠军的心

如果你创业只是想试一把，那你只能碰运气了。因为你若不是全身心的投入，是没有办法忍受那种磨难和寂寞的。创业企业十年的存活率仅为 2%，更不要说成功率了。当时，峻岭和我面对面坐在一个小屋子里 4 个多月，从早到晚十几个小时，都在讨论、写商业计划、做市场调查。当时，找一个超市店长合作，他可以晾我两个小时；因为一个小问题，小年轻办事员可以训我半个小时，不让我坐下。如果没有博大的胸怀，我是不可能忍受这一切的。

我一直是 NBA 的粉丝。在十几年前，NBA 季后赛我几乎场场看，尤其是决赛。我记得 1994 年的时候，由于迈克尔·乔丹去打棒球了，所以休斯敦火箭队赢得了当年的冠军。结果 1995 年的时候，由于主力队员的伤病，火箭队打得跌跌撞撞，常规赛结束只排到西部第 6 名的位置。而在 NBA 历史上，从没有第 6 名拿到过冠军的，所以大家都不看好他们。第 6 名要拿到西部冠军的话，要击败 3 个比它强很多——胜场超过 50 场的强队。结果，火箭队一路过关斩将，拿到了西部冠军，可以与当时超强的魔术队争夺总冠军。当时，魔术队拥有雄霸篮下的“大鲨鱼”奥尼尔，顺风顺水地击败三支东部强队，在主场虎视眈眈地等着火箭，仿佛冠军已经落进它的袋中。结果，跌破所有人眼镜，火箭队 4 ：0 完胜，成就了火箭主教练鲁迪·汤姆贾诺维奇的旷世名言：永远不要低估一颗冠军的心！要想创业的话，我们必须要有一颗冠军的心，不然不可能赢。

第九悟：先创造价值，才能得到价值

我发现在职场中，很多人都很在乎自己能得到什么价值。而我认为，我们应该先问问自己创造了什么价值。如果你没有办法为顾客、员工创造价值的话，也就没有办法为股东和自己创造价值。这么多年来，不管是在学术界当教授、在企业里做高管，还是创业，我首先问自己的是，我在这个岗位做这件事情能创造什么价值。我不会先去跟别人谈自己应该得到多少价值，而是先问自己能创造什么价值。可我发现，不关注自己得到了什么价值，反而得到了自己应有的价值。我在美国第一次创业时开发的第一套系统，当时谈的价格是 120 万美元。那是我第一次创业，签字的时候，我的手都在发抖，我第一次体会到了自己的价值。在过程中，我发现 120 万美元远远不够。后来，还是依靠风险投资才把项目完成。我用了四年的时间才完成原本计划一年完成的事情。在这个过程中，我有 99 个理由可以放弃，但是有 1 个理由不放弃，就是我的信念。结果在完成之后，我发现这一套系统仅一年就为大陆航空节约了 3 000 万美元。最后，这个系统再卖给下一家企业的时候，价格变为 400 万美元，最后涨到接近 1 000 万美元。所以，只要我们能创造价值，就不用担心自己的价值。

第十悟：有舍才有得

人生最后悔的不是做一件事失败了，而是有机会但你没有去做。

记得以前在亚马逊的时候，我陪创始人贝佐斯去欧洲访问亚马逊的订单履行中心。一路上，我们有很多交流。他原来是华尔街投资公司的资深副总裁，看到当时的互联网以一年23倍的速度在增长，他觉得不做的话，会后悔一生。于是，他和太太从纽约开车，一路上都在写商业计划，到了西雅图就开始融资，并在车库里用装了四条腿的门作为桌子开始创业，最后创立了亚马逊。在创立1号店前，我的生活非常优越，作为戴尔的全球高管，有配的房、车，还有各种各样的福利。但是，在峻岭拉我出来创业的时候，我没有思考太多，就答应了。当时，我的想法很简单，如果两个人一起全身心地做这件事情的话，一定会创造精彩。我当时只有这样一个简单的信念：我一定要去做，不想在未来回想起以前曾经有一个非常好的合作伙伴让我一起来做这个事情，因没有做而后悔。当时，我们的想法也很简单：要做这件事情，就得全身心去做，不能脚踏两只船。因此，我们就从戴尔辞职了。在他的车上，我们握了手。就秉承着这样一份承诺，我们走到了今天。我们都很幸运，因为我们生长在一个互联网改变世界的时代。更幸运的是，在这样一个时代里，我不仅是一个历史的见证人和旁观者，也是参与其中的弄潮儿。我对我的事业充满了激情，每一天都是在想事情、做事情中度过，也是在亢奋中度过。我相信过去的历程很精彩，将来会更精彩，祝大家都有一个精彩的人生。

创业者的胸怀

你打算创业吗？你有好的商业模式，优秀的团队，充足的资金吗？就算有了上面这些，你就一定能成功吗？别忘了，还有一条极为重要的，也是容易被人忽略的，那就是创业者的胸怀。

前面，我曾讲述过NBA的火箭队夺取1995年总冠军的故事。火箭队当时的教练鲁迪·汤姆贾诺维奇的传世之言“永远不要低估一颗冠军的心”，在过去的十几年里时时激励着我。我在两次创业时都选择了艰辛的道路。在这段历程中，我有99个理由可以放弃，只有1个理由不放弃，那就是：I want to be a champion（我想成为冠军）！我深知，就是因为创业难，才需要有智慧和毅力的人去做，做成后才有成就感。

有了第一次在美国创业的经历，我在创建1号店时成熟多了。前一次创业的磨炼、亚马逊和戴尔这样的一流企业的熏陶，在中国数个顶尖高校EMBA教学时的自省，让我的境界提高了，视野拓宽了，心境平和了。我想再做一项宏大的事业，实现自己的价值，对得起自己的一生。我和峻岭承诺的形式也极为简单。在峻岭的车上，我们握了握手，问：Deal（成交）？答：Yes，deal（是的，成交）！

创建1号店是一条艰辛的道路。虽然没人看好我们，也经历了很多挫折，但我们心里不是只有挫折感，而是时时给自己打足了气。

我们做好了准备，要享受一次完整的创业经历。我们从戴尔给我们租的豪宅搬出来，开始亲身体验创业的所有点滴：给公司取名，设计公司徽标，在招聘网站上发广告，挤公交、地铁去拜访供应商，在地铁站、办公楼和小区发海报，参与系统设计，在仓库里入库、上架、拣货、盘点，给顾客配送，做客服，与供应商、配送商和推广商谈判，促销选品，编广告语，等等。在这一过程中，虽然我们也遇到了一些坎坷，受到了一些委屈，但我们都只是笑笑。

我们深知，仅靠我们自己的力量难以成就一个伟大的事业，必须有一个开放和容错的心态。现在，社交购物（social commerce）成了潮流。可在2008年的时候还没有这个概念。那时，我们就开始和社交网络合作，在天涯网创始人邢明的支持下开了天涯1号店。我们又和新浪合作，在其CEO罗军的支持下将乐居的家居购物频道链接到1号店。我们还和游戏网站、母婴网站、团购网站合作，甚至和多个与我们有竞争的网站合作交换流量，形成共赢。我们的理念是：现在，中国电子商务的蛋糕还小，大家应该一起把蛋糕做大，而不是分蛋糕。我们要打造一个健康的电商生态圈。

在美国的第一次创业的经历使我深深地感受到雄厚的资金对企业快速发展的重要性。如果能重新再来一次，我一定会筹集更多资金以谋求更快的发展。虽然在该公司被埃森哲收购时我还控股，但其规模并没达到我的期望值。

我们认为，中国电子商务发展的时间窗会很短，短短几年便见分晓，速度变为头等重要的事。为融得足够资金并获取能帮助我们快速发展的战略价值，我们选择了中国平安和沃尔玛的投资，在分享它们的顾客资源、品牌资源、供应商资源、供应链资源的同时，也实现了企业的健康快速成长。我们不将自己是否控股和拥有股份的多少放在首位，而是更看重事业能做多大和企业能走多远，是否能为顾客、社会、股东、员工创造价值。用自己的股权换企业长远的利益是我们心甘情愿的。

我们的胸怀和决策不一定能被所有人理解，有个别媒体一直关注我们是否有 1 号店的控股权，是否被资本“俘获”，甚至我表达心胸豁达、任人唯贤的话也被个别媒体曲解。我说：“互联网是年轻人的天下，我已经落后了。我能将企业带多远就带多远。有比我更有能力的人来，我随时准备让位。”在 1 号店创立的第一周，我就说过这句话，而这句话也被个别媒体诠释成由于失去了控股权，我在找“退路”。甚至还有个别媒体不负责任地编出“因为沃尔玛入股，六位总监集体离职”的耸人听闻的故事，简直不可思议。回头一看，当年 1 号店的总监精英们都还在。翻翻日历，今天不是愚人节！

作为创业者，成就一番事业不容易。公众拥有知情权，企业的一言一行都会对自身和社会造成很大影响。大家都要珍惜和慎用自己的话语权，真实客观地进行报道和评论，为创业者营造一个公平的舆论环境，也为正在创业中和准备创业的有志青年们提供正确的引导，帮助大家树立积极健康的价值观。

我们并不在意他人的臆测，也不会去追究。要没有这个胸怀我们也做不到今天。但是，我们不愿意看到年轻人和在途中的创业者被误导，觉得资本是创业者的对立面，感到失去控股权是一件可怕的事情，对创业的融资持悲观态度。大家可以看看，现在全球成功的互联网企业中，没有哪家公司的创始人在上市时是控股的。若控股但只做个小生意，即使是持有 100% 的股份也没什么意义。马云仅持有阿里巴巴约 6% 的股份，但没有人能质疑他在阿里巴巴的领袖地位和卓越贡献。电商是个规模游戏，如果全靠自己的能力成长，过程将会非常缓慢。一个企业能做多大，取决于它的领导者的心胸有多大。

领导力大师约翰·麦斯威尔将领导力对人们的影响分为五个阶段：（1）权利，人们因为你的职位而不得不服从你；（2）关系，人们因为和你的关系好而跟随你；（3）绩效，人们因为你为组织所做出的贡献而跟随你；（4）复制，人们因为你培养他们而跟随你；（5）尊敬，人们因为尊敬你和你代表的使命感而追随你。我希望也正在努力做到第五阶段，靠我的使命感和影响力去领导员工，而不是停留在第一阶段要靠我的股权和职位去领导。

峻岭和我，最关注的是顾客体验。我们直接参与顾客访谈，直接下订单来体验购买流程，将公司员工的薪资和奖金与顾客体验指标挂钩，仔细阅读顾客的投诉和反馈，并推动几个重大项目来改善顾客体验。我们要求每个高管都必须定期做“一日客服”，以真正听到顾客的声音。我们会将注意力持续放在顾客体验上，没有任何事情可以改变我们“做成业界顾客体验最好的公司”的目标。

这次创业是我人生最精彩的一部分，也是令我感到最开心的时光。游戏才刚刚开始。我每天醒来都渴望着去公司，用峻岭的话就是：每天都处于亢奋之中。看着概念变为现实、顾客认可、人才成长、企业壮大，我感到欣慰和自豪。激情让我们彻底发挥了自己的创造力，而这一切都源于一点—— the heart of a champion（一颗冠军的心）。

给年轻创业者的忠告

我曾经接受过一个媒体的采访，采访结束前记者让我给年轻的创业者们三个我认为最重要的忠告。思考了片刻后，我回答：第一，创业是马拉松，不是百米冲刺，不要急于求成；第二，创业要迎难而上，做起来容易的事情也会因为容易被复制而缺乏价值；第三，创业需要激情，激情能激发创造力，可以把不可能变为可能。

创业不要急于求成。创业初期往往是创业者的兴奋期，创业者在这个时期满怀憧憬，坚信自己的创业想法并处于亢奋的状态，吃饭睡觉时都想着创业，与亲人朋友交流也是三句不离创业话题，可谓“苦在其中也乐在其中”。在这个时期，创业者的感性超过了理性，他们对成功的预期远远超过了对风险的评估。这种感觉又会被早期的一些小的成功放大，从而误导创业者，让创业者觉得成功好像就是明天的事，需要百米冲刺。他们往往过于乐观，决策也变得更迅速，会拔苗助长，急于求成。

将创业当成百米冲刺最大的危害在于会使创业者忽视对创业成功的基石的灌注，这里的基石包括企业文化的创建、核心竞争力的打造、知识产权的保护等，甚至包括组织架构的设置和系统架构的设计。没有坚实的创业基础，其结果往往是“欲速则不达”。早期的快速发展会导致瓶颈期的快速来临，甚至让创业流产。

迎难而上才能创造更大的价值。创业时，选择做什么对创业者而言极为重要。过于简单的商业模式别人一定都想到了，而市场上没有的商业模式，则一定是该模式本身有问题或实现起来特别困难。容易的概念即使你是第一个想出来的，就算有较大的价值也会马上被别人复制，比如 Groupon（一家团购网站，中文名为“高朋网”）的团购模式。

虽然迎难而上才能创造更大的价值，但也要遵从中国的一句古话：没有金刚钻儿就别揽瓷器活儿。不是人人都能证明哥德巴赫猜想的。我认为迎难而上要满足以下几个条件：

第一，要清晰地了解困难所在；第二，要有克服困难的核心竞争力、方法和工具；第三，要有坚韧不拔的毅力。

刘峻岭和我在创建 1 号店时选了一条艰辛的道路，选择以大品种、快消品为主的综合类网上超市起步。我们感觉，网上超市的概念很直观，很容易被顾客接受，而且能满足大众所需，获取顾客的成本较低，顾客的黏性会较强。但这类商品大、重、易漏、易损、保质期短，其服务半径比图书、数码、服装类商品要短得多。我们仔细分析后发现，做快消品电子商务最难的是供应链管理。而我们在这方面有多年的经验、知识和管理能力，于是，我们大量地投入供应链管理系统的打造，让供应链管理成为我们的核心竞争力。

激情能把不可能变为可能。在英文里，passion 是指一种强烈的内驱力，一种极度的喜爱，一种偏执的信念。在激情的支配下，人们常常能调动身心的巨大潜力，完成看起来不可能完成的事情。

创业要看你创业的起因和目的是什么：是希望逃离职场的约束和玻璃天花板，来测试一下自己的能力和潜力？是想试一把运气，看自己是否能功成名就？是追求时髦，被其他创业者的成功所诱惑？是享受这个坎坷的历程，为自己的人生增添一次丰富的阅历？还是做自己想做的事，去完成一个自己的梦想？

我更希望你的起因是最后一个。因为创业的风险是极大的，创业企业 10 年的存活率也就是 2%，更别说成功率了。刚才列举的前几个理由都不能让你忍受住寂寞，经得起磨难，更不会让你有坚定的信念去不屈不挠地逢山开路、遇水搭桥。峻岭和我创建 1 号店靠的也是这种内驱力。

激情升华了我们的创造力，让我们遇到困难时觉得“沧海横流，方显出英雄之本色”。你要寻找的就是你的内驱力。

人才与机会：我们应该这样让自己成长

有一次和平安集团董事长马明哲一起打高尔夫球时，他讲了一段精彩的话来描述高尔夫球员的优劣："五流球手用手打，四流球手用臂打，三流球手用腰打，二流球手用臀打，一流球手用膝打。"我听后猛然开窍，才理解了为什么老虎伍兹打高尔夫球时膝盖会受伤，并自嘲道："我充其量也就是一个三流球手，因为我打球最多也就是用到臂部和腰部的力量，还没学会如何用到腿和臀部的力量。"后来，我一直在悟怎样用腿和臀的力量，渐渐有了一些体会。

后来，在复旦大学讲课时，我借用了上面这段用来谈我对机会的看法。我认为："五流人才看不到机会，四流人才没准备好错失机会，三流人才瞻前顾后浪费机会，二流人才能抓住机会，一流人才会创造机会。"回想起来，我的人生中有很多机会都是自己创造的。下面，我分享两个实例。

1989 年，我从沃顿商学院博士毕业时，美国联合航空公司聘用了我，但我决定去得州大学奥斯汀分校任教。我主动回去对招聘我的联航运营总监说："虽然我没有加入联航，但我对你们的项目非常感兴趣，我希望能帮你们做咨询，而且是免费的！"我知道作为一个业界新人，我需要证明我自己，没有资格谈身价。他们看我诚恳，就给我安排了一个顾问的职位，并给我提供一些有空位就可登机的往返机票，没有任何报酬。于是，我开始了职业生涯中的第一次咨询。最开始，联航给了我一个关于机组人员的排班优化问题。我说：这个课题业界已经做了30多年了，能改进的地方不多，我能做的贡献也不大，希望能换一个其他课题。于是，他们就换了一个飞机维修计划问题。思考后，我又对他们说：这个项目没有涉及民航的主营业务，只是一个辅助功能，其价值有限，能否再换一个项目。他们又给我第三个项目——非正常情况下的运营控制，并事先给我打预防针说：这个项目还没有清晰的定义，缺乏参考资料，可能性众多且复杂，别人尝试多次都失败了，很难。但这个项目会直接涉及航空业的关键运营指标——航班正点率，这是除安全运营率之外对民航而言最重要的指标。我听后很兴奋，说：这就是我想做的，我不怕难，就怕不重要、没价值。在后来相当长的一段时间里，我都需要跨越南北——从奥斯汀飞到联航的芝加哥总部，并在联航的控制室里数个小时不间断地观察和分析运营部门的实时决策，理解每次决策的依据和考虑元素。最后，我指导和协助联航开发了实时航班调整和飞机调换系统，提高了它的正点率。这段争取来的、零报酬咨询的经历，为我后来在美国的创业和创建实时应急管理理论打下了坚实的基础，并赢得了业界的口碑。我的工作成果发表在数个国际专业杂志上，也引起美国大陆航空公司的注意并来找我，在我还不拥有任何可使用系统的情况下，就跟我签署了120万美元的合同，帮我迈出了创业的第一步。

再分享一个自己的经历。1997年，我在和美国大陆航空公司的机组人员管理总监安娜·怀特（Anna White），通电话时，无意中听说陆航正在研发人力资源管理系统，已有第三方公司开发了系统原型，正在评估。我马上意识到这里面的机会，于是专程开车去休斯敦，画了一张图给安娜。这张图展示了如何将人力资源作为一个整体从人员筛选、招聘、培训、岗位安排、度假申请和安排、晋升、离职、转岗、退休等各个环节进行整体规划和如何进行每个环节的优化。其中，光用模拟机培训飞行员一项的优化就估计每年会给陆航带来数百万美元的价值。安娜听后激动不已，说："太好了，你得讲给我的老板听。"一星期后，我又驱车去休斯敦见安娜的上司弗雷德（Fred）。弗雷德听后非常兴奋，立即邀请我给陆航的高层再做一次更大范围的演讲。两星期后，我再次前往休斯敦。这次，我准备得很充分，将我设想的一个集成的航空人力资源系统的各个模块功能都细化了，还用陆航的数据对系统价值进行了有理有据的评估。参加会议的至少有 5 个资深副总裁和满满一屋人，我讲得非常有感觉。讲完后，陆航资深副总裁克莱（Clay）和我握手，说："你演讲时的自信和激情让我回忆起了我的父亲，他总是把他要做的事情当作他的孩子。"两个月后，陆航决定停止以前的研发，并投资 400 多万美元给我的公司——科莱科技，让我按自己的思路来开发这套系统。

要想成为一流的人才：首先，必须要会用敏锐的眼光去观察机会，甄别机会；其次，要不断地充实自己，让自己在机会来临时不要因实力不足而放弃。另外，在遇到好的机会时，我们要果断决策，要有弃有得，不要在机会过去后才知道后悔。机会稍纵即逝，时间不等人，勇敢地抓住机会的人才有可能成功，否则只能望洋兴叹或羡慕他人。而创业过程中，最最重要的是学会自己创造机会，把本不属于自己的机会变成自己的机会，为成功增加一些可能。

伟大的成功没有偶然的——电影《社交网络》观后感

我要隆重推荐2010年10月在美国上映的影片《社交网络》（*The Social Network*）。这是一部覆盖创业、诉讼、创新、合作伙伴、互联网、情感和事业纠结等各个方面的、不可多得的好片，也是我看到的除了《阿凡达》以外最值得看的影片。该片赢得了三项奥斯卡大奖。我看完后，有诸多感慨。下面，我与大家分享一下我看完这部影片后的几点感受。

观后感之一

这部电影是根据本·麦兹里奇（Ben Mezrich）的小说《意外的亿万富翁》（*The Accidental Billionaires*）改编的。可我认为马克·扎克伯格（Mark Zuckerberg）的成功不是偶然的，主要原因有这样几个：第一，他有成功创业者所必须的激情，他的激情感染了周边的人；第二，他对所干的事业非常执着，绝不轻易放弃；第三，他有敏锐的市场嗅觉，这反映在他听到温克莱沃斯（Winklevoss）兄弟的想法后迅速发现了商机，在知道他追求的不在哈佛就读的女友埃里克（Erica）

不知道脸谱网后马上就想到要将脸谱网在哈佛以外推广；第四，他有超人的智商和技术能力；第五，他有快速的判断和果敢决策的能力。

观后感之二

Nepster（一款可以在网络中下载MP3文件的软件）的创始人之一肖恩·帕克（Sean Parker）对脸谱网的成功起到了无可替代的作用。他的作用主要体现在：第一，他让扎克伯格扩大了视野，让扎克伯格的理想从百万美元的计划变成了打造十亿美元级企业，梦有多大事业才能有多大；第二，他帮助扎克伯格坚定了不马上开展广告业务的决策，因为失去了“酷”就失去了顾客基础；第三，他说服了扎克伯格搬去加州，将创业的种子放到了最适合的土壤中；第四，他提出将TheFacebook改为Facebook，改后的名字简单易记、便于推广，且可脱离哈佛的小圈子。

观后感之三

脸谱网的联合创始人爱德华多·萨维林（Eduardo Saverin）成为企业发展的包袱而不得不被扎克伯格、帕克和风险投资人遗弃。其主要原因有：第一，他目光短浅，只看到收广告费能得到短期利益，却没意识到这样做损失的是对潜在顾客的吸引力；第二，他心胸狭隘，嫉妒帕克的加入而没看到帕克所带来的巨大价值；第三，他法律意识欠缺，如此重要的融资合同，他没细看也没请律师审阅就签署，被稀释到底更多地是他自己的责任，也只能博得同情；第四，他最大的贡献就是在企业成立初期进行了投资，但他不配做脸谱网的 CFO，因为他对脸谱网的基本功能一无所知。

观后感之四

（1）在互联网世界，速度就是一切，比别的都重要；（2）令人讨厌的人也有自己的情感，只是和别人的表达方式不一样而已；（3）请好律师的钱不能省，否则会亏得更多；（4）顶尖的风险投资人是极为敏锐的，他们知道人是最重要的，并知道谁有价值、谁应被抛弃；（5）伟大事业的成功需要极度的激情和投入。

由超级碗的神奇逆转引发的感悟

2017 年 2 月 6 日，痴狂的美式橄榄球迷们享受了一场史诗般的对决，见证了 NFL（美国国家橄榄球联盟）历史上最神奇的比赛，没有之一。这也是美国超级碗[①]历史上最大的逆转。在第三节比赛还剩 3 分钟时，新英格兰爱国者队仍然以 3 ∶ 28 的比分落后于亚特兰大猎鹰队 25 分。据专家们的评估，扳回的概率已经低于 1%。然而，新英格兰爱国者队的队员们没有放弃。在接下来的 17 分钟时间里，他们破釜沉舟，用尽洪荒之力，几乎所有队员都发挥至极限，还有一

① 超级碗是美国职业橄榄球大联盟的年度冠军赛。——编者注

次“上帝之手”的妙接，4 次得分，在比赛还剩 1 分钟时扳平了比分，将比赛拖入了超级碗历史上唯一的一次加时赛。在这个“突然死亡”（sudden death）规则的加时赛中，他们又跑出制胜达阵，完成了这场 25 分的不可思议的逆转。

在 NFL 近百年的历史上，超级碗此前最大的逆转，不过是 2015 年爱国者队落后西雅图海鹰队 10 分最终取胜。这一次，很多球迷在半场结束的时候就选择关掉电视或者转到其他台，觉得没有悬念了。然而，爱国者队用一节比赛的时间，扭转了猎鹰队前三节建立的优势，把小于 1% 的可能性变成了 100%，把不可能完成的任务变成了现实，改写了历史。

我作为在美国居住过 24 年的、曾经的美式橄榄球铁杆粉丝，有幸通过视频观看了这场比赛。我觉得就像坐了一次超出极限的过山车，这场比赛对于有心脏病的人绝对不宜。尤其在比赛最后的 17 分钟，我热血沸腾，隐隐约约地感觉到历史正在被改写，而且这种预感被我力挺的球员们一次又一次的努力所实现，而我又万幸地成为这一神奇逆袭的见证人。

比赛结束后，我仍久久沉浸其中。我主要有以下几点感悟。

第一，万事皆有可能，历史就是人创造的，纪录也是为了后人去破而设的。而创造历史是靠人的信念支撑的，没了信念也就失去了一切，也就只能成为不留痕迹的过路人，或者只是旁观者。“坐观垂钓者，徒有羡鱼情。”

第二，要建立一个成功的团队，每个人都必须尽自己最大的努力，把剩下的交给上苍。结果的好坏不一定在每个人的掌控之中，但是否尽了自己的全力是由自己的意志支配的。成功只是正确的决策和全身心投入的副产品，是水到渠成的。

第三，放弃是最容易的决定，也是最容易说服自己的理由，因为不放弃就意味着巨大的付出，意味着意志的煎熬，意味着将面临残酷的竞争，意味着还将经历一道道的坎坷。可只有不放弃，我们才可能攀上人生的巅峰，享受那一览众山小的绝景。

而我们创业的进程也正处于一个历史的转折点。我认为，我们处于中国互联网医药健康发展的机遇期，行业格局的改变和爆发式的增长即将到来。我做出这一判断主要基于以下几点。

第一，国家加大了医药改革的力度，开始推动医药分家、分级诊疗，容许医生多点执业，禁止医药代表的商业功能，鼓励公立医院药品采购的招投标和 GPO，等等。虽然处方药的在线销售还没放开，但国家容许在线购买、店取或店送处方药。众所周知，政策壁垒是医药行业最大的障碍，逐渐放开的政策会加速互联网医药健康的发展。

第二，大众对网上就医和买药有了更多的信任。一方面电商的快速增长和普及让顾客开始形成习惯，另一方面像我们这样的医药电商对客户教育也做出了重要的贡献。我们对质量的严格管控、对顾客体验执着的追求、诚信的口碑和规模运营让我们赢得了业界的认可和更多的顾客。

第三，技术的进步和模式的创新让互联网医药健康领域充满生机。可穿戴设备、基因测序、远程诊疗和会诊、基于大数据的健康管理、供应链效率的提升、智能诊断等，都让这个领域成为最具潜力和价值的市场。

我们正处于一个绝佳的历史时期，我们所拥有的几乎全牌照、对生态圈的合理布局、资本对我们的看好、我们在互联网领域的经验让我们占有一定的先机。虽然前途是光明的，但道路却是曲折的，机会也是稍纵即逝的。我们必须如履薄冰，求知若饥，虚心若愚。我们可以看到，多个巨头开始大力投入医药健康领域，资本也大量涌入，竞争加剧，而国家政策尚不明朗，还有多个堡垒需要我们去一一攻克。在这个重要的历史节点，我们需要做的就是聚焦，不断改善客户体验，强化我们的核心竞争力，和一流的战略合作伙伴们一起共赢。

爱国者队在超级碗仅有 1% 的胜算概率时竭尽全力，完成了不可能的任务。而我们在拥有历史赋予我们最好的时机时，若没抓住将是一生之憾！

ZEITGEIST：时代精神

Zeitgeist 的中文含义是时代精神，象征着引领时代潮流的思想与创举。谷歌每年在美国的凤凰城举办一次“时代精神大会”，把政治家、思想家、科学家、企业家、艺术家、教育家、科技创新创业者等集聚一堂，让他们进行思想碰撞、智慧分享、跨界融合。每次会议时，谷歌在全球仅邀请一百多人，一天半的闭门会议，内容丰富且紧凑，由各领域的时代领袖和创新实践者分享自己的创新成果，涉猎范围广泛，思想深刻，绝对是一次精神的盛宴！

前些年，我非常有幸地受邀参会，每次都感觉是受到了一次洗礼，让我的视野更开阔，胸怀更宽广，思路更无局限，更能接受不同的文化和观念，更为包容和拥有责任感，更能坦然面对变化、迎接未来。

谷歌主办的这一盛会让我想起意大利名门望族“美第奇家族”（Medici Family）对文艺复兴的贡献。

在经历了漫长而黑暗的中世纪后，文艺复兴于13世纪末从意大利各城市开始兴起，逐步扩展到西欧各国，并于16世纪在欧洲掀起了一场思想文化运动，带来了一场科学与艺术革命。美第奇家族是文艺复兴背后的重要推手，倚靠自身雄厚的财力和影响力，大举修建教堂及公共设施，奖掖文化，网罗并资助艺术家，收藏图书、手稿并对公众开放，这些举措涉及诗歌、绘画、雕刻、建筑、音乐、历史、哲学、政治理论等各个领域，文艺复兴倡导以人文主义为中心的新思想，赞颂人的智慧和才能，提倡人性和个性解放，批判宗教宣扬的来世思想和禁欲主义，让欧洲获得了一次思想上的大解放，经历了一次观念上的大革命。

文艺复兴把人的活力和创造力充分激发出来，在这一时代不仅涌现出创作《最后的晚餐》和《蒙娜丽莎》的达·芬奇，创作《创世纪》、《末日审判》和雕塑《大卫》的米开朗琪罗等艺术巨匠，还涌现出发展了哥白尼的宇宙学说、提出宇宙无限性的著名科学思想家布鲁诺，著有《人体构造》的近代解剖学奠基人维萨留斯，著有《论心脏与血液的运动》并为近代医学和生理学的诞生做出不朽贡献的英国医生哈维，建立了行星运行三大定律的德国天文学家开普勒，通过实验方法和数学方法发现了自由落体定律和惯性定律、为牛顿力学的完成奠定了基础的物理学家伽利略，等等。

时代精神和文艺复兴最大的相似点是将不同领域的思想和创新融汇并推动其发展。达尔文进化论的核心就是认为不同物种的杂交及物种自身的变异会产生新的物种，而大自然是优胜劣汰的，只有适者才能生存，这也推动了各物种的进化，包括人类的进化。跨界的交汇就是杂交，既促进了新的理念、创意、模式、行为的诞生，也推动了人类社会的进步。将来的社会一定是一个融合的社会，领域的边界都会变得模糊甚至消失。

在此，我分享一下过去几年给我留下深刻印象的有关时代精神的演讲。

宾夕法尼亚大学的医学教授琼斯博士发明了用去毒性的 HIV（人类免疫缺陷病毒，即艾滋病病毒）来治疗血癌的方法。琼斯博士在医学院读的是肿瘤学专业，可他毕业后加入了美国海军，开始研究艾滋病。他发现 HIV 的侵略性非常强，专门攻击超速分裂的突变细胞，但病人不能在癌症痊愈后而患上艾滋病。所以，他就潜心研究如何去除 HIV 的毒性并取得了突破性进展。和他同台演讲的还有他的一位患者，该患者五年前被诊断为白血病晚期并被医生判了死刑，医生说他活不过三个月。他向琼斯求助并接受了治疗。五年后，他仍健康无恙，身上癌细胞的存在率为零。

美国前总统吉米·卡特是一位非常低调朴实、和蔼可亲的老人。他参加演讲时已经 90 岁了，但仍精神抖擞，思路清晰。他于 1977 年任美国第 39 任总统，1980 年争取连任落选。离开白宫时，他被认为是政绩最差的美国总统之一。他离任后频繁出访世界各地，倡导民主和人权事业。在 20 世纪 80 年代的海地危机中，他不顾生命危险留在海地首都，一直谈判至最后一刻，最终说服军政府交权从而避免了一场流血战争。2002 年，他作为美国总统的第一位特使访问古巴，并和卡斯特罗交流，改善了美古关系。在演讲中，他讲了自己如何帮助委内瑞拉实现民主选举，讲了他如何启动卡特工作计划——每年专门给自己安排一周时间当木匠，为穷人盖房造屋。卡特总统备受爱戴，被大众誉为最受尊敬的卸任总统。他于 2002 年获得诺贝尔和平奖。在午餐时，我和卡特总统交流了几分钟，他告诉我他非常喜欢中国，为在他就任总统期间中美正式建交感到骄傲，大家一定要读他的自传《充实的一生：九十岁回忆录》，他的这个自传还获得了格莱美奖中的“最佳朗读专辑奖”。

2016 年，在时代精神会议的午餐会上，我和美国前总统卡特交流

一位印度乡村的小男孩萨罗·布里尔利（Saroo Brierley），在五岁时和他在火车上做打扫清洁工作的哥哥一起乘火车。由于太累，他在火车停靠某一车站时下了车，在车站的长凳上睡着了。可这一觉改变了他一生的命运，他和哥哥失散了，只好靠乞讨为生。后来，他被一所孤儿院收留，后来又被一对善良的澳大利亚老夫妻收养。25 年来，他一直想找到他的父母和家人。他凭着零碎的儿时记忆坚持寻找：村里有一个水库，水库边有一个堤坝可以玩耍，水库不远处就是火车站，等等。他坚持不懈地借助谷歌地球（Google Earth）一次次地搜寻印度各个火车站周边他熟悉的场景。25 年后，他终于回到了他的家乡，照片记录了他和母亲重逢拥抱并哭泣的瞬间。

美籍亚裔心理学家、Character Lab（性格研究室）公司的创始人兼 CEO，宾夕法尼亚大学教授安杰拉·李·达克沃思（Angela Lee Duckworth）的演讲《坚毅》（*Grit*）非常受欢迎。安杰拉已经是两个女儿的妈妈，她的演讲非常有激情。她 2016 年出的 *Grit——The Power of Passion and Perseverance*（《坚毅——释放激情和坚持的力量》）[①] 一书，一经出版就上了《纽约时报》的畅销榜。Grit 简单译为“坚毅”，但其含义远比毅力、勤勉、坚强要丰富得多。Grit 是对长期目标的持续激情及持久耐力，是不忘初衷、专注投入、坚持不懈，是一种包涵了自我激励、自我约束和自我调整的性格特征，用安杰拉的原话，即：“Grit is sustained passion and perseverece for especially long term goals.”她经过对数以千计的美国高中生进行调研发现，与智力、学习成绩或者长相等指标相比，Grit 是最为可靠的预示成功的指标。Grit 精神的基础就是“I finish whatever I begin”（无论做什么，我都坚持完成）。每个行业的世界级的专家获得的成功靠的也不过就是能力和所花时间的乘积的积累。Grit 的研究成果对创业者具有深远的意义。我们追求的不仅是跑得快，更是在摔倒后不放弃，爬起来继续跑。这种毅力和韧劲为成功打下了坚实的基础。

---

① 《坚毅——释放激情和坚持的力量》由中信出版集团于2017年5月出版。——编者注

2017 年，在时代精神会议上，达克沃思教授讲述她的坚毅理论

乔·拜登（Joe Biden）是美国第 47 任副总统，奥巴马总统的搭档。拜登副总统的家庭可谓不幸，他的妻子和女儿在 45 年前的一场车祸中去世。2015 年，他的长子、特拉华州前总检察长博·拜登因患脑瘤去世。但拜登非常坚毅，敢说敢干，尤其在美国的外交方面屡屡建功。他也是特拉华州在任时间最长的参议员。对于中国的外交，他也一直强调相互理解和沟通，求同存异。2017 年 1 月，奥巴马总统授予拜登自由勋章。卸任后，他决定把自己的主要精力投入到癌症的治疗和预防上。他启动了一个“Cancer Moonshot”计划（“癌症突破”计划）向癌症宣战。在讲话中，他说两党间唯一无争议的话题就是对抗癌症。

2017 年，在时代精神会议上，我和美国前副总统拜登交流并合影

健康是 2017 年时代精神会议的重点议题之一。谷歌的健康部门 Verily 的总裁安迪 · 康拉德（Andy Conrad）分享了 Verily 在这个领域里的创新和突破。他讲了一个很有意思的故事。非洲有一种蚊子携带一种病毒，这种病毒会给人类带来传染病，可如果用喷洒农药的方法去杀蚊又会大面积污染农作物，同时也给自然环境造成破坏。于是，他们研究了一种基因编辑的方法，改变该种类的雄蚊基因，让其不能生育，并把大量改基因的雄蚊放回非洲。这些雄蚊和雌蚊交配后，让蚊群的繁殖率大幅下降。

谷歌健康部门 Verily 的 CEO 康拉德讲述谷歌在健康领域的进展

在健康方面的突破还有防衰老领域。获得 2009 年诺贝尔生理学奖的伊丽莎白·布莱克本（Elizabeth Blackburn）是基因排序和基因编辑方面的全球顶级科学家，她介绍了有关防衰老方面的进展。她已经找到导致衰老的基因序列，并开始用白鼠做实验。她把白鼠分为两组，对其中一组进行基因编辑，以延缓其衰老。这两组小白鼠的寿命有显著差异。

诺贝尔生理学奖获得者布莱克本教授（中）在介绍防衰老方面的进展

在 2017 年的时代精神大会上，大家提及最多的内容还是人工智能。人工智能最近的突破性进展是机器可以自己学习，不需要借用专家的知识和经验。AlphaGo Zero 完全从零起步，三天后 100 ：0 打败 AlphaGo Lee，41 天后 89 ：11 打败 AlphaGo Master，而后者对人类还从未败过一场。[①]Google X（谷歌的一家神秘实验室）的创始人，Google Glass（谷歌眼镜）和无人驾驶的负责人塞巴斯蒂安·特龙（Sebastian Thrun）强调，将来人工智能驱动的机器人不仅会取代劳动力密集型产业中的劳动力，还会大量取代从事高智能的重复性工作的人员，比如律师、医生、金融分析师、软件工程师等。

2017 年时代精神会议的主题：We the People

参加时代精神会议让我产生了巨大的紧迫感。未来已来，而且比我们想象得要快！这次会议的主题是“We the People”（我们人类）—— 世界是由我们去开创的，潮流是由我们去引领的。作为时代的幸运儿，我们若辜负了时代赋予我们的使命，则只能“徒有羡鱼情”。

① AlphaGo 是第一个击败人类职业围棋选手、第一个战胜围棋世界冠军的人工智能程序。AlphaGo Lee 是战胜李昌镐的那一版 AlphaGo。AlphaGo Master 是 AlphaGo 的加强版。而 AlphaGo Zero 是从空白状态学起，无任何人类知识输入的新版程序。——编者注

零距离领悟亚马逊精神

2016 年 6 月 29 日，我带着岗岭的十几位同事、大商商学院的老师和同学们一起造访了亚马逊在昆山的 SHA2（亚马逊的仓库代号，指上海二仓）履单中心。亚马逊的履单中心一般是不接待访客的，这次看在我曾是亚马逊高管的面子上，通过现任运营副总裁薛小林（Brian Xue），安排此行。

2016 年 6 月，我带领岗岭集团的同事、大商商学院的老师和同学们访问亚马逊在昆山的履单中心

亚马逊中国负责商业拓展的副总裁查利·李（Charlie Lee）和 SHA2 的总经理接待了我们。作为曾经的亚马逊人，看到熟悉的文化和谦虚直率的亚马逊人，我感到特别亲切。我和他们分享了我在

2005 年 9 月陪亚马逊创始人贝佐斯去欧洲巡访亚马逊履单中心时在他的私人飞机上一起打得州扑克的照片，彼此的距离马上就拉近了。

2005 年 9 月，作为亚马逊全球供应链副总裁的我和我的上司杰夫·维尔克陪亚马逊创始人杰夫·贝佐斯视察亚马逊在英国、德国、法国的履单中心

十几年弹指一挥间！亚马逊的股票从当时的每股 30 美元涨到了现在的每股 1000 多美元，亚马逊也成为全球最伟大的企业之一！伟大的成功是没有偶然的，我们尝试着从这次访问中寻找其成功的基因。

第一，亚马逊人血液里都流淌着亚马逊的血。

进入亚马逊的工作场所，处处可见亚马逊文化的要素，包括：

- 顾客至上（Customer Obsession）
- 主人翁精神（Ownership）
- 创新简化（Invent and Simplify）

- 决策正确（Are Right，A Lot）
- 好奇求知（Learn and Be Curious）
- 选贤育能（Hire and Develop the Best）
- 最高标准（Insist on the Highest Standards）
- 远见卓识（Think Big）
- 崇尚行动（Bias for Action）
- 勤俭节约（Frugality）
- 赢得信任（Earn Trust）
- 刨根问底（Dive Deep）

履单中心里到处可见的亚马逊文化要素

- 敢于谏言，敢于承诺（Have Backbone，Disagree and Commit）
- 结果导向（Deliver Results）

顾客体验始终是亚马逊文化的重中之重。查利的演讲也从贝佐斯的螺旋式上升的商务模式开始。这一模式的原点就是顾客体验，而好的顾客体验是通过丰富的品种和优惠的价格来体现的。记得当年，贝佐斯要求在召开所有会议时必须留一张空椅子，是为顾客留的，但由于顾客不在现场，所以参会的每个人都要为顾客说话。

几位亚马逊同事的解说都直截了当，没有任何客套、虚话或者浮夸的言语。他们常用数据来解答问题，凸显了亚马逊务实的风格。

第二，流程清晰，简单明了。

在参观履单中心的途中，亚马逊的流程图处处可见，大多数以简化的图来显示，清楚易懂。每天早上的 15 分钟晨会的流程和时间分配也都一一标清，让主持人和参会者一目了然，不用花过多时间思考。看板上标示的每个人认领了什么任务，什么节点完成也都一清二楚。规范化的简单流程让大家避免犯错和浪费时间，也让系统化的管理有迹可循。

这些流程是在不断完善的，有专设看板供员工提建议。亚马逊要求每一位员工都有主人翁精神，要以最高的标准去做事，从不迁就，并鼓励员工每天都思考如何改进：“今天你解决问题了吗？”

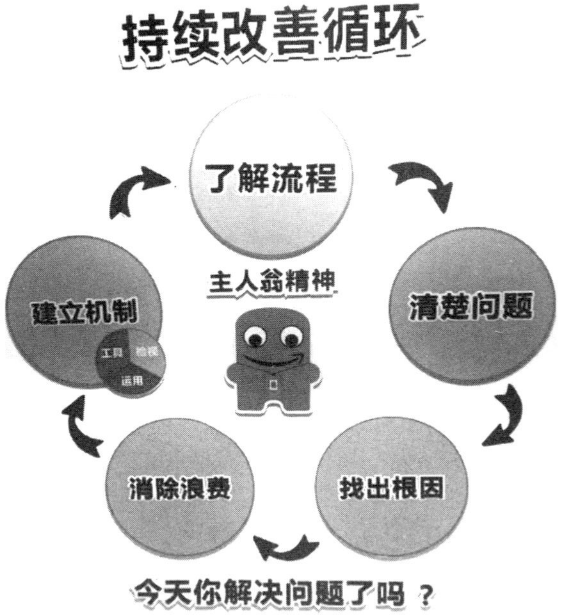

用简单明了的图来宣传如何改善流程和效率

流程不是用来做样子的，亚马逊执行起来是一丝不苟的。下面是我们观察到的：

- 行人必须走在标示线内
- 进行高货架区操作必须戴安全帽
- 用刀作业的员工必须戴手套
- 即使是访客，进入履单中心时女士也不能穿高跟鞋和裙子，长头发也要用备好的皮筋扎起来

• 安全警示处处可见

• 进入高密度操作区会有语音提醒

……

大多数时候，一个理念的实现不在于概念本身的对错，而在于对细节的关注和执行是否到位。

第三，要解决问题的源头，而不是以错纠错。

亚马逊的履单中心不进行全面的库存盘点，因为他们认为如果库存是准确的话，盘点无疑是浪费。尽管SHA2的库存准确率已经达到了99.99%，但还在向6σ标准迈进。理念的实现靠的是把问题消灭在源头。

• 在任何时候、任何地方，发现地上掉落一件商品都必须放到一个特制的周转箱里，由专门人员来处理。即使你亲眼看见这件商品是从一个货架上的某个货位掉下来的，也不能放回去。因为一个例外会带来更多的例外，从而促使员工有理由不去按流程执行。

• 如果发现货架上取下的一件商品有错，必须检查这个货位周边上下左右的所有货位，看有没有错，以保证没有错拿错放。

• 一旦形成了流程，人就变成了机器，必须100%地按流程执行。人可以去完善流程、优化系统，但在执行时没有柔性。系统在设计时，上一个环节没完成时不会让你走到下一个环节，是为了避免人为错误，也是为了保证每件事都完整地完成，没有折扣！

第四，动态调整资源的分配。

履单中心的中心控制区有好几个大屏，上面展示着运营的仪表盘。内容是每一个工作岗位的预测工作量和实时实际完成工作量。如果这两个数据有大的差异就需要由仓库管理人员做动态的调整，不能让某一个环节成为瓶颈。

亚马逊运用大数据做大量的预测，比如对销售的商品的每一个库存量单位都做预测，要做 5 000 万个商品的独立预测。预测的模型非常复杂，要考虑价格弹性、促销的力度和模式、竞争对手的价格、销售、季节、相关联商品的价格等。2004 年我在亚马逊工作时，亚马逊就已经有了十几个预测模型。

履单中心每个岗位工作量的预测也是基于大数据的。比如对于每个包装台，不同的人在不同的时段包装的效率是不一样的，经过处理可以得到包装数量的均值和方差。而这些预测可以帮助亚马逊去安排和动态平衡资源。员工们都经过多个岗位的培训，可以随时被调整到收货区、发货区或拣货区，从而实时优化整个履单中心的效率。

第五，创新——提升效率的原动力。

流程的制定和严格的实施可以保证企业在大规模运营下少出错及库存和发货的准确率，但效率的提升更多的还是要靠创新。

亚马逊有专门的看板供员工提建议，有大量的员工建议已经被采纳并实施。比如为了避免员工不清楚流程或者不遵守执行流程的时间节点，有员工建议领取任务时同时拿一个相应任务的详细排序和时间点要求，这样就可以不差毫厘、准确无误地去完成任务。

技术革新能够产生巨大的生产力。查利给我们演示了亚马逊履单中心引入机器人 Kiva（亚马逊在 2012 年收购的机器人项目）的视频。Kiva 的理念是用机器人去搬货架来找人而不是人去货架找货。视频中履单中心里机器人来来往往、穿梭不息。据说，Kiva 可以使亚马逊提升 20% 的储存空间效率、30% 的拣货效率。

亚马逊履单中心使用的搬运货架的机器人 Kiva

Amazon Go 是亚马逊推出的无店员便利店。其创新程度让人耳目一新。顾客扫完码后，后台系统通过摄像头把人体特征值与账户 ID（身份认证）进行绑定，然后对取货的动作视频进行分析（通过深度学习来正确辨识人类取放商品的动作细节）以实时更新虚拟购物车，并在顾客出门后自动支付。查利和同事们还测试了一下该系统的智能程度：他们一人刷卡，几人同时一起进店，各自拿了商品从不同的出口离店，结果完全没错，各人拿的商品都记在和他们一起进去的卡上了。

亚马逊推出的无人便利店

一个下午一晃就过去了，大家还在不断地问问题，查利和亚马逊的同事们一一耐心回答。我们所看、所听的都只是亚马逊深厚的文化和实践的皮毛。这些理念虽然容易理解和学习，但更重要的是点点滴滴地贯彻到自己的行动中去，以最高的标准要求自己，不打折扣！

希望我们能够潜心向亚马逊学习，努力工作，享受乐趣，创造历史！

他山之石：百年企业是如何炼成的

我曾参加过大商商学院组织的日本百年企业参访之旅，希望能彻悟百年长青企业的生存与成功之道。我先后去了东京和金泽，参访了多家企业，这其中既有做金箔、餐饮、酒店等的传统企业，也有制造自动寿司制作 / 回转机和研制自动化包装线的科技型企业。日本企业的流程井井有条，企业家们低调实在。但更重要的是，日本企业家的理念值得我们学习和借鉴。

我简单介绍一下两家金泽的企业。

蚊谷公司总部在金泽，1899 年成立，有近 120 年的历史，经历过四次社会变革。公司在成立后的前 45 年，是匠人公司，只做金箔产品，以后才逐渐生产其他衍生产品。其会长为企业服务了 50 年，他强调变化和变革的目的是为了加强工艺、技术，但初心不能忘。他坚持日本的老话：维持传统就是创新。

日本 50 年以上的企业通常都有家训、暖帘（字号、品牌）。每一代在继承企业的时候都会得到这两样东西。蚊谷坚守的信念是“不易流行”：要找准一个线，哪些能变，哪些不变。主业是不变的，创业精神是不变的，而产品必须要随时代变化，要在不忘初心的同时，不断调整自己的产品。

蚊谷产业集团会长蚊谷八郎介绍蚊谷的历史和发展

在人才使用上，蚊谷的父辈给的启示是用人不疑，疑人不用。蚊谷在全球多个国家都有分公司，分公司员工每周或每月才和分公司联系一次，但员工忠诚度很高。

涉谷工业株式会社成立于1931年，主营自动化包装设备、机电一体化系统、农业机械、环保设备四大业务。

涉谷原来是从事酱油生产的，因为生产酱油的过程中要贴标签、装罐，因此就想到了做这些流程的自动化设备。涉谷的业务跨度非常大，而且四代社长没有一个懂技术的。他们把成功归结于两点：第一，重视员工，打造一个大家庭的氛围，在企业80多年的发展历史中，没有主动辞退过员工；第二，重视客户，所有产品都是和客户沟通后并按客户要求研制开发的。

涉谷工业株式会社社长介绍涉谷的历史沿革和发展战略

涉谷的创始人在金泽市是外来者，所以企业需要用服务迎合当地产业。但当地企业对它的排挤也促使它拼命地往外走，向外发展。涉谷的管理者信奉的理念是：自己的企业经营不善不要怪外部。

参观完这两家日本企业后，我有这样几点较深的感受。

第一，专注和聚焦。

两位金泽企业的社长都为企业服务了50年以上，他们的理念是一个企业只做好一件事就行了。这两家企业的多元化都是建立在企业的核心竞争力之上的。比如，蚊谷的扩展都是基于手工制作的金和银的衍生品以及市场地域的扩张，而涉谷的多元化全是基于定制的自动化技术在各领域的应用和实现。

第二，客户为上。

这两家企业都认为它们的人才不是最优秀的，技术不是最好的，但它们对客户一定是最有诚意的，用精诚的服务来弥补它们的不足并赢取顾客的信任。比如，涉谷早期不懂技术，所制作的自动化装瓶机质量很差，经常出问题，员工就守在客户处，和客户一起工作，及时解决现场的问题，并不断根据客户的反馈去改进设计，完善质量，也因此打动了顾客。

第三，以人为本。

涉谷当年从一个做酱油的企业转型为技术企业是非常艰难的，没有大学生和工程师愿意在酱油厂工作。社长就守在大学门口劝说大学生加入，还和大学老师交朋友，请他们喝酒，请他们推荐学生，就这样一步一步做起来。

涉谷企业的日训是创始人亲自用毛笔写的，至今仍被企业每天宣讲。日训的第一条就是：“今天高高兴兴地工作吧。”涉谷的理念就是员工只要开开心心地工作就会创造价值。

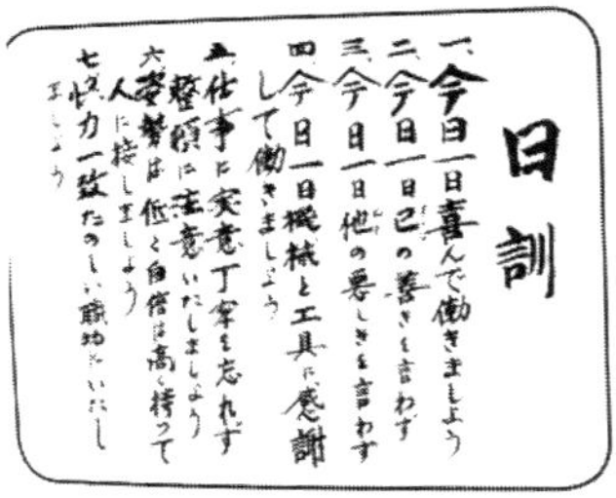

澁谷工业株式会社 日训

一、今天高高兴兴地工作吧

二、今天不夸耀自我

三、今天不说别人坏话

四、今天对机器工具带着感恩的心工作吧

五、认真细心、工作严谨，做好整理整顿吧

六、谦虚而自信地面对他人吧

七、同心协力创造愉快的工作环境吧

涉谷企业里处处可见的早期创始人留下的日训

一时成功的企业可能会遇上天时、地利、人和，但基业长青的企业必有其生存和发展的基石及“不易流行”的哲理。伟大的企业没有偶然的，我们必须一点一滴地去领悟和践行。

后　记

我武汉大学的师弟和挚友，企业家中极有情怀的诗人和诗人中极有胸怀的企业家阎志一直鼓励我出书。可我始终奔忙在创业途中，只能用碎片时间来记录下点点滴滴，一直想等到有整块时间了再来整理。可我逐渐意识到，这一天恐怕永远不会到来。

我是一个追求完美且不轻易承诺的人，经过长时间思考并搜寻了一下以前留下的素材，发现还是有不少令自己感到自豪和拿得出手的文稿，其中包括六篇为《福布斯》杂志写的专栏稿、六篇给《东方企业家》写的专栏稿，还有数篇放在我的新浪博客上，被腾讯、新浪、百度的科技和财经版块主推过的文章。我在长江商学院十年庆典时的演讲——《创业十悟》在网络上被转发了几十万次。于是，我决定把这些有关创业、创新和管理的文章，加上我在数十年的三次创业历程中写的一些思考、感悟的点滴和记录的故事收集起来，复盘我的创业历程，重现创业途中的精彩和坎坷。

我要感谢我的妻子米歇尔，儿子于华睿和女儿于凯丽。米歇尔直接参与了我的前两次创业，和我一起携手走过企业从无到有的过程。

我美满和温馨的家庭是我事业的动力，是呵护我心灵的护城河，也是我遇到风浪时可以享受的宁静的港湾。

我要感谢我的搭档刘峻岭。我们一起创业，风雨同舟 11 年，是他的盛情邀请让我第二次走上创业之路。他的包容和理解，再加上我们一致的价值观和互补的性格，使得我们的创业历程开心、舒畅且硕果累累。

我要感谢阎志给我提出的写书建议，他帮我梳理书的架构并帮我选择了出版。

我要特别感谢马化腾、陈东升、雷军和李开复在百忙之中为我的书写推荐语。他们是中国企业家的领袖和中国经济发展的引领者，也是我创业的榜样和动力。他们的友情令我感动。他们的事业比我宏大百倍，有他们的推荐是我的荣幸。我邀请他们时，他们都毫不犹豫地承诺下来，在百忙之中阅读书稿并写了很贴切的评论。东升兄还给我提出内容修改方面的宝贵建议，让我深为感动。他们为人的真诚和做事的认真态度使我有了额外的收获。

我要感谢著名艺术家张威莽为本书的封面做插图，一群奋蹄的骏马飞奔向前，恰如其分地展现了我们的创业激情。

我要感谢所有和我一起创业的伙伴们，包括科莱科技人、1 号店人和岗岭人。是他们的信任、奉献、承担及全身心的付出，让我的创业梦想得以逐一实现，让我的创业历程多彩缤纷。